LE JARDIN

DES

RACINES GRECQUES

EXTRAIT DU RAPPORT

FAIT AU CONSEIL DE L'UNIVERSITÉ

PAR M. J.-L. BURNOUF,

Lecteur et Professeur au Collége de France, Inspecteur-Général des études, Membre de l'Institut, Officier de la Légion-d'Honneur.

« M. Pitay a fait à l'œuvre de Port-Royal des changements notables. « On a lu un grand nombre de *dizains* des Racines, et tous les change- « ments que l'on y a remarqués ont paru bien entendus. Beaucoup de « vers sont rajeunis ; plusieurs qui étaient trop bizarres, sont supprimés « et remplacés utilement ; dans d'autres, la suppression des mots de « remplissage a donné le moyen d'ajouter des sens nouveaux et « importants... Le livre, sous sa forme nouvelle, offre une infinité « d'heureuses innovations. »

Paris.—Imprimerie Bonaventure et Ducessois, 55, quai des Grands-Augustins.

LE JARDIN

DES

RACINES GRECQUES

RÉUNIES PAR CL. LANCELOT

Et mises en vers par LEMAISTRE DE SACY,

PRESENTANT

LES VERS FRANÇAIS CORRIGÉS OU REFONDUS :

TRAVAIL AUTORISÉ SPÉCIALEMENT
POUR L'USAGE DES CLASSES, SUR LE RAPPORT DE FEU M. J.-L. BURNOUF,
DE L'INSTITUT.

***Troisième Édition*.**

PAR J.-B. GR. PITAY,

Professeur émérite des Lycées de Paris, Officier de l'Université.

PARIS

DÉZOBRY ET E. MAGDELEINE, LIBRAIRES-ÉDITEURS,

1, rue des Maçons-Sorbonne.

1852

Paris.—Imprimerie Bonaventure et Ducessois, 55, quai des Grands-Augustins.

PRÉFACE

Je publie cette nouvelle édition du *Jardin* des *Racines grecques* pour répondre au vœu d'un grand nombre de mes anciens collègues qui trouvent l'œuvre de Lancelot trop volumineuse, surchargée d'un bagage de mots grecs au moins superflu pour de jeunes écoliers, sinon plus propre à leur être un épouvantail qu'à les encourager à l'étude de la plus belle des langues. Je partage entièrement leur manière de voir.

D'un autre côté, il m'a paru qu'à une époque où l'autorité supérieure donne le signal des réformes qui pourraient être utiles, il y a plus que jamais opportunité à réimprimer mon travail sur le livre de Lancelot; peut-être celui-ci a-t-il fait son temps; mais la méthode qu'il a donné lieu d'introduire est restée *fort bonne,* suivant l'expression de Rollin.

Faire apprendre par cœur, réciter et citer journellement pendant plusieurs années, *plusieurs centaines de barbarismes et de solécismes, d'interprétations vagues, hasardées, hors du sens, de latinismes et de mots souvent mal entendus, plus mal traduits, riches en faux sens et contre-sens;* de bonne foi, est-ce là un excellent moyen pour conduire à l'intelligence du grec et enseigner la pure grécité des grands écrivains qui ont tant fait pour la gloire d'Athènes? Voilà pourtant ce qui se pratique généralement, mais aussi (j'ai hâte de le dire pour l'honneur du professorat universitaire), ce qui était prescrit par la tradition. Quant à moi, il y a longues années, voulant obtempérer au règlement sans être infidèle à mes convictions, je m'étais mis à arracher brin à brin cette luxuriante moisson de barbarismes et de solécismes dont s'est hérissé par le laps de près de deux siècles [1] le Jardin des Racines grecques de Port-Royal.

[1] Le privilége pour l'impression est de février 1657.

L'ancien Conseil de l'Université avait approuvé et autorisé mon travail pour l'usage des classes, sur le rapport spécial du savant et judicieux réformateur de la grammaire grecque dans les écoles françaises, M. J. L. Burnouf, de si regrettable mémoire.

C'est ce travail considérablement amélioré dont je publie aujourd'hui la partie la plus importante assurément, puisqu'elle doit être confiée à la mémoire des élèves, *les Vers techniques*. Je les présente épurés avec soin de ce fatras de solécismes et de barbarismes, d'expressions grossières, de burlesques niaiseries, enfin de fautes graves non moins dangereuses pour la version que pour le thème grec, qui se retrouvent *toutes et dans toutes* les éditions de Lancelot réputées classiques, sans excepter celle-là même qui se disait naguère PARTICULIÈREMENT autorisée, c'est-à-dire favorisée; ce qu'elle ne peut ou ne doit plus faire aujourd'hui. Grâces en soient rendues au Conseil supérieur de l'Instruction publique!

Outre cette différence radicale, essentielle, une foule d'améliorations de détail distinguent cette troisième édition : des vers rajeunis, parlant comme on parle, et, de barbares, par moi devenus presque français. Pour s'en convaincre, il ne faut qu'ouvrir et parcourir mon petit livre, sorte de MANUEL-LEXIQUE, qui ne tardera pas, je l'espère, à s'enrichir d'un complément dès longtemps annoncé.

J'ai voulu qu'entrepris pour les élèves, achevé au milieu d'eux et en quelque sorte avec eux, il offrît sous le plus mince volume, et pour le prix le plus modique, le plus de choses pratiques, appropriées à leur usage, dont on chercherait vainement ailleurs la réunion. J'avais à cœur de justifier cette dernière phrase du Rapport bienveillant de M. Burnouf : *Le livre de M. Pitay, sous sa forme nouvelle, offre une infinité d'heureuses innovations*. Puisse-t-il m'être permis de me dire un jour : *Utile est quod fecimus!* C'est la plus belle récompense que j'ambitionne.

LE JARDIN

DES

RACINES GRECQUES

A′ = I = 1.

A′, *vaut* un, *prive*, *unit*, *admire*. α′ = 1. ͵α = 1000.
Ἀά ζω, j'aspire *et* respire. *f*. σω.
Ἄϐα ξ, comptoir, damier, buffet. *g*. κος, ὁ.
Ἀϐρ ός, mou, délicat, bien fait. ά, όν.
* Ἀϐρότ η (νύξ), nuit solitaire. *g*. ης, ἡ.
Ἀγαθ ός, bon, brave, exemplaire. ή, όν.
Ἀγά λλω, pare, orne *et* polit. *f*. λῶ.
Ἄγαν, trop, beaucoup; il suffit. *adv*.
Ἀγανακτ έω, je m'indigne. *f*. ήσω.
Ἀγαπ ᾷν, aime; se résigne. *inf*. άειν, ᾷν; *f*. ήσω.

B′ = II = 2.

* Ἄγα μαι, j'admire; envier. *f*. άσομαι.
Ἄγγαρ ος, postillon, courrier. ου, ὁ.
Ἀγγ έλλω, j'annonce *ou* publie. *f*. ελῶ.
Ἄγγ ος, tout vase *ou* poterie. εος, τό.
Ἀγείρ ειν, rassemble; erre en gueux. *f*. ἀγερῶ.
Ἀγέλ η, grand troupeau de bœufs. ης, ἡ.
Ἀγέρωχ ος, fier, intraitable. ος, ον.
Ἅγι ός, saint, pur, vénérable. α, ον.
Ἀγκ, courbe [1].—» Ἀγκάλαι, les bras *fait*: ῶν, αἱ.
» Ἄγκιστρ ον, hameçon, crochet. ου, τό.

[1] Les SEPT mots suivants (») ont pour *souche* ou *radical*, ἀγκ, courbe.

Γ′ = III = 3.

» Ἄγκ ος, fond, creux, vallon; courbure. *g.* εος, τό.
» Ἀγκύλ η, dard; du bras jointure. ης, ἡ.
» Ἀγκύλ ος, recourbé, crochu. ος, η, ον.
» Ἄγκυρ α, l'ANCRE, en arc tordu. ας, ἡ.
» Ἀγκ ών, pli, coude; ANSE *au rivage.* *g.* ῶνος, ὁ.
Ἀγλα ός, beau, clair, sans nuage. ή, όν.
Ἁγν ός, chaste, pur, innocent. ή, όν.
Ἀγορ ά, marché, ce qu'on vend. ᾶς, ἡ.
Ἅγ ος, objet sacré; souillure. εος, τό.
Ἄγρ α, chasse *ou* proie *ou* capture. ας, ἡ.

Δ′ = IV = 4.

Ἀγυι ά, rue.—Ἀγρ ός, un champ. ᾶς, ἡ.—οῦ, ὁ.
Ἄγυρ ις, foule, attroupement. εως, ἡ.
Ἄγ χω, serre, étrangle *et* suffoque. *f.* ξω.
Ἄ γω, conduit; brise; provoque. ξω.
Ἀγ ών, combat, jeux; appareil. ῶνος, ὁ.
Ἀδελφ ός, frère; égal, pareil. οῦ, ὁ; ός, ή, όν.
* Ἁδ εῖν, être agréable, plaire. *f.* ήσω.
Ἀδημον εῖν, craint, désespère. έω, *f.* ήσω.
Ἀδιν ός, dru, serré, fréquent. ή, όν.
Ἁδρ ός, mûr; grand, gros, fort; puissant. ά, όν.

Ε′ = V = 5.

† Ἄδ ω, gorger de mets, de viande. *f.* ἄσω.
Ἄδην, assez.—Ἀδ ήν (ὁ), glande. *adv. g.* ένος, ὁ.
Ἆθλ ος, lutte, combat; concours. ου, ὁ.
Ἆθλ ον, le prix.—Ἀεί, toujours. ου, τό.—*adv.*
* Ἀείδ ειν, chante *et* versifie. *f.* σω.
* Ἀείρ ειν, lève, ôte; amplifie. *f.* ερῶ.
Ἄελλ α, tempête, grand vent. ης, ἡ.
* Ἀέξ ω, donne accroissement. *f.* ήσω.
Ἀετ ός, l'aigle; aigle *ou* bannière. οῦ, ὁ.
* Ἄζ ω, sèche.—Ἅζ ομαι, révère. *f.* σω.—Ἅσομαι.

—

ϛ′ = VI = 6.

Ἀηδ ών, rossignol ; chanteur. — *g.* όνος, ἡ.
Ἀ ήρ, l'air ; brouillard, (ἡ) vapeur. — ἀέρος, ὁ ; ἡ.
Ἀθέλ γω, téter, sucer, traire. — *f.* ξω.
Ἀθρ εῖν, regarde, considère. — έω, *f.* ήσω.
Ἀθ ήρ, épi ; barbe de blé. — έρος, ὁ.
Ἀθρό ος, pressé, rassemblé. — α, ον.
* **Ἀθύ** ρω, jouer, sauter, rire. — *f.* ρῶ.
Αἰά ζω, *d'αἴ*, pleure *et* soupire. — σω *et* ξω.
Αἰγιαλ ός, bord de la mer. — οῦ, ὁ.
* **Αἴγλ** η, splendeur, jour vif, éclair. — ης, ἡ.

Z′ = VII = 7.

* **Ἀΐδ** ης, Pluton ; noir rivage. — ου, ὁ.
Αἰδ ώς, *ou* honte *ou* pudeur sage. — όος, ἡ.
Αἰθ ήρ, l'ÉTHER, l'air pur des cieux. — έρος, ὁ.
Αἴθ ω, brûle, embrase de feux. — *sans f.*
Αἰκά λλειν, flatte, a doux langage. — *f.* λῶ.
Αἰκί α, coups ; blessure, outrage. — ας, ἡ.
Αἷμ α, sang, meurtre.—**Αἱμ** ός, buisson. — ατος, τό.—οῦ, ὁ.
Αἱμύλ ος, beau, gentil, mignon. — η, ον.
Αἰν ός, terrible, affreux, étrange. — ή, όν.
Αἶν ος, fable, discours ; louange. — ου, ὁ.

H′ = VIII = 8.

Αἰν έω, je loue, applaudis. — *f.* έσω *et* ήσω.
* **Αἴν** υμαι, je prends, me saisis. — *sans f.*
Αἴ ξ, chèvre, bouc.—**Αἰγ** ίς, ÉGIDE. — αἰγός, ἡ.—ίδος, ἡ.
* **Αἰόλ** ος, bigarré ; rapide. — ος, ον *et* η, ον.
Αἰον ᾶν, mouille, arrose d'eau. — άειν, ᾶν, *f.* ήσω.
Αἰπ ύς, haut, raide.—**Αἶρ** α, marteau. — εῖα, ύ.—ας, ἡ.
Αἱρ εῖν, choisit ; ôte la vie. — *f.* ήσω.
Αἵρεσ ις, choix ; secte, HÉRÉSIE. — εως, ἡ.
Αἴρ ω, lève, ôte ; sort du port. — *f.* ἀρῶ.
Αἶσ α, destin ; la Parque ; sort. — ης, ἡ.

Θ′ = IX = 9.

Αἰσθάν ομαι, sent, connaît, pense. *f.* αἰσθήσομαι.
Αἰσιμ οῦν, emploie *et* dépense. όω, *f.* ώσω.
* Ἀΐσσ ω, se rue *ou* bondit. *f.* ξω.
Αἴσυλ ος, scélérat, bandit. ος, ον *ou* η, ον.
Αἶσχ ος, laideur; honte, infamie. *g.* εος, τό.
Αἰτ έω, demande *et* supplie. *f.* ήσω.
Αἰτί α, cause, crime, objet. *g.* ας, ἡ.
Αἰχμ ή, pointe *ou* lance *ou* long trait. ῆς, ἡ.
* Αἶψα, sur-le-champ, sans attendre. *adv.*
* Ἀΐω, remarquer; entendre. *sans f.*

I′ = X = 10.

Αἰ ών, l'éternité, le temps. *g.* ῶνος, ὁ.
Αἰωρ ῶ, j'élève *ou* suspends. έω, *f.* ήσω.
Ἄκανθ α, ronce, épine; arête. ας *ou* ης, ἡ.
Ἀκ εῖσθαι, recoud; guérit, traite. έομαι, *f.* έσομαι.
Ἄκατ ος, navire marchand. ου, ἡ.
Ἀκ ή, pointe *ou* piquant; tranchant. ῆς, ἡ.
Ἄκιν ος, raisin; thym sauvage. ου, ὁ.
Ἀκμ ή, pointe; vigueur de l'âge. ῆς, ἡ.
Ἀκόλουθ ος, qui suit; laquais. ος, ον; ου, ὁ.
Ἀκόν η, *cos*, un queuz[1], un grès. ης, ἡ.

Iα′ = XI = 11.

Ἀκού ω, j'entends, j'obtempère. *f.* σω.
Ἀκριϐ ής, juste, exact, sévère. ής, ές.
Ἀκρ ίς, sauterelle, grillon. ίδος, ἡ.
Ἀκρο ᾶσθαι, prendre leçon. άεσθαι, *f.* άσομαι.
Ἄκρ ος, du bout; haut, qui s'élève. α, ον.
Ἀκτ ή, sureau; *mieux* rive *ou* grève. ῆς, ἡ.
Ἀκτ ίς, rayon qui luit; tout rais. ῖνος, ἡ.
Ἄκ ων, toute espèce de traits. οντος, ὁ.
Ἀλαζ ών, vain, qui se fait gloire. ών, όν.
Ἀλαλ ή, bruit; cris de victoire. ῆς, ἡ.

1 Queuz, *pierre à aiguiser*, latin *cos*.

Ιϐ′ = XII = 12.

Ἀλά ομαι, j'erre au hasard.	*f.* ήσομαι.
* Ἀλα ός, sans yeux, sans regard.	ός, όν.
Ἄλγ ος, douleur, chagrin, tristesse.	εος, τό.
* Ἀλδ έω, fortifie, engraisse.	*f.* ήσω.
Ἀλέ α, chaud soleil, chaleur.	ας, ἡ.
* Ἀλέγ ειν, a soin, prend à cœur.	*sans f.*
Ἄλεισ ον, coupe de haut style.	ου, τό.
Ἀλεί φω, frotter; oindre d'huile.	*f.* ψω.
Ἀλέξ ειν, chasser, secourir.	ήσω.
* Ἀλέ ειν, moudre.—* Ἀλεύ ειν, fuir.	*f.* ήσω.—σω.

Ιγ′ = XIII = 13.

Ἀληθ ής, certain, véritable.	ής, ές.
* Ἀλίγκι ος, pareil, semblable.	ος, ον.
† Ἄλθ ω, fortifie et guérit.	*sans f.*
Ἅλις, assez, beaucoup, suffit.	*adv.*
Ἀλισγ ῶ, souille *et* rend profane.	έω, *f.* ήσω.
† Ἁλίσκ ω, prend, punit, condamne[1].	*f.* ἁλώσομαι.
* Ἀλιτ έω, faillir, errer.	ήσω.
† Ἀλί ω, rouler, se vautrer.	*f.* ίσω.
Ἀλκ ή, force, aide, bon office.	ῆς, ἡ.
Ἀλλά, mais.—Ἀλλ ᾶς, la saucisse.	*conj.*—ᾶντος, ὁ.

Ιδ′ = XIV = 14.

Ἀλλά ττω, change; achète et vend.	*f.* ξω.
Ἅλλ ομαι, bondit, va sautant.	οῦμαι.
Ἄλλ ος, autre.—Ἀλλοιῶ, je change.	η, ον, *f.* ώσω.
Μέταλλ ον, MÉTAL (pour échange.)	ου, τό.
Ἅλς (ὁ), SEL; (ἡ), mer; mot piquant.	*g.* ἁλός, ἡ, ὁ.
Ἄλσ ος, bois sacré, sombre, grand.	εος, τό.
Ἀλύ ω, s'émeut, se chagrine.	*sans f.*
Ἄλφιτ ον, d'orge la farine.	ου, τό.
Ἀλώπ ηξ, renard; rusé, fin.	εκος, ἡ.
Ἅλ ως, l'aire où l'on bat le grain.	*g.* ω *et* ωος, ἡ.

1 Inusité à l'actif.

Ιε′ = XV = 15.

Ἀμαλ ός, mou, faible, précaire. ή, όν.
Ἅμαξ α, char ; chariot polaire. ης, ἡ.
Ἀμάρ α, rigole, conduit. ας, ἡ.
Ἁμαρτ άνω, pèche, faillit. *f.* ήσω.
Ἀμαρύ σσω, brille, rayonne. ξω.
Ἀμά ω, j'AMASSE, moissonne. *f.* ήσω.
Ἀμαυρ ός, terne, obscur, passé. ά, όν.
Ἀμϐλ ύς, obtus, lâche, émoussé. εῖα, ύ.
Ἀμεί ϐω, change, alterne ; prime. *f.* ψω.
Ἀμέλ γω, je trais, suce, exprime. *f.* ξω.

Ις′ = XVI = 16.

Ἀμέργ ειν, pressurer, presser. *f.* ξω.
* Ἀμεύ ειν, franchir, surpasser. *f.* σω.
Ἅμιλλ α, lutte ; ardeur louable. ης, ἡ.
Ἀμ ίς, pot de nuit.—Ἅμμ ος, sable. ίδος, ἡ.—ου, ἡ.
Ἀμν ός, agneau, petit mouton. οῦ, ὁ, ἡ.
* Ἀμορϐ ός, sombre ; (ὁ), compagnon. ή, όν ; οῦ, ὁ.
* Ἀμ ός, quelqu'un, *sans qu'on désigne.* ή, όν.
Ἄμπελος, vigne *ou* cep de vigne. ου, ἡ.
Ἀμπρ όν, longe *en cuir* ; trait ; collier. οῦ, τό.
Ἄμπ υξ, bande à cheveux lier. υκος, ὁ.

Ιζ′ = XVII = 17.

Ἀμυδρ ός, obscur, peu visible. ά, όν.
* Ἀμύμ ων, irrépréhensible. ων, ον ; ονος.
Ἀμύνω, secourir, venger. *f.* ἀμυνῶ.
Ἀμύ σσω, piquer, écorcher. *f.* ξω.
Ἀμφισϐητ εῖν, doute, est contraire. έω, *f.* ήσω.
Ἄμφω, tous deux, les deux ; la paire. οῖν.
Ἀνάγκ η, nécessité ; loi. ης, ἡ.
Ἄνα ξ, prince, chef, seigneur, roi. κτος, ὁ.
Ἀναίν ομαι, nie *et* refuse. *f.* ήσομαι.
Ἁνδά νω, plaît, agrée, amuse. *f.* αδήσω.

Ιη' = XVIII = 18.

Ἄνεμ ος, souffle d'air, le vent. *g.* ου, ὁ.
Ἀνεψι ός, cousin, parent. οῦ, ὁ.
Ἀν ήρ, mâle, homme de courage. έρος-δρός, ὁ.
Ἄνθ ος, fleur; beauté; fleur de l'âge. εος, τό.
Ἄνθρ αξ, rubis; ANTHRAX; charbon. ακος, ὁ.
Ἀνθρήν η, la guêpe *ou* frelon. ης, ἡ.
Ἄνθρωπ ος (ὁ), l'homme; (ἡ), la femme. *g.* ου.
Ἀνί α, chagrin, peine en l'âme. ας, ἡ.
Ἄντλ ος, sentine; eau qui croupit. ου, ὁ.
Ἄντρ ον, ANTRE.—* Ἄντυξ, char; circuit. ου, τό.—υγος, ἡ.

Ιθ' = XIX = 19.

Ἀνύ ειν, achever; détruire. *f.* σω.
* Ἀνώ γω, pousse, exhorte, inspire. ξω.
Ἀξίν η, hache, outil tranchant. ης, ἡ.
Ἄξι ος, qui vaut, digne; un grand. α, ον.
Ἄξ ων, AXE, essieu; voie, ornière. ονος, ὁ.
Ἄο ρ, longue épée *ou* rapière. ρος, τό.
Ἀολλ ής, dru, pressé, fréquent. ής, ές.
Ἀορτ ή, gros vaisseau du sang. ῆς, ἡ.
Ἁπαλ ός, délicat, mou, tendre. ή, όν.
Ἀπατ άω, tromper, surprendre. *f.* ήσω.

Κ' = XX = 20.

Ἀπειλ έω, menace, est vain. *f.* ήσω.
Ἀπην ής, cruel, inhumain. ής, ές.
Ἁπλ οῦς, simple, plein de franchise. όος-οῦς.
Ἅπ τω, je noue, attache; attise. *f.* ψω.
* Ἀπύ ω, crie.—* Ἄραϐ ος, son. *f.* σω.—ου, ὁ.
Ἀρ ά, vœu; malédiction. ᾶς, ἡ.
Ἀραι ός, rare, mince, tendre. ά, όν.
Ἀρά σσω, heurter; couper, fendre. *f.* ξω.
Ἀράχν η, l'ARAIGNE[1].—Ἀργ ός, lent. ης, ἡ.—ή, όν.
Ἀργ ός, blanc.—Ἄργυρ ος, argent. ή, όν.—ου, ὁ.

[1] Vieux mot, l'*araignée*.

Κα′ = XXI = 21.

Ἄρδ ω, j'arrose *ou* désaltère.	*f.* ἄρσω.
Ἀρέσκ ω, plaît *ou* cherche à plaire.	ἀρέσω.
Ἀρετ ή, vertu, *vis*, vigueur.	ῆς, ἡ.
Ἀρήγ ειν, aide, est protecteur.	*f.* ξω.
Ἄρ ης, Mars, guerre, armes ; blessure.	εος, ὁ.
Ἄρθρ ον, membre, article, jointure.	ου, τό.
Ἀριθμ ός, nombre, quantité.	οῦ, ὁ.
Ἀριστερ ός, gauche, emprunté.	ά, όν.
Ἄριστ ον, dîner, nourriture.	ου, τό.
Ἀρκ εῖν, chasse, aide, suffit, dure.	έω-ῶ, *f.* έσω.

Κϐ′ = XXII = 22.

Ἄρκτ ος, ours ; nord.—Ἄρκ υς, un rets.	ου, ὁ, ἡ.—υος, ἡ.
Ἅρμ α, char, attelage, *ou* faix.	ατος, τό.
Ἀρν έομαι, refuse ; nie.	*f.* ήσομαι.
* Ἄρν υμαι, prend *et* s'approprie.	*sans f.*
Ἀρ όω, labourer, bécher.	-ῶ, *f*, ώσω.
Ἁρπά ζω, ravir, arracher.	σω *et* ξω.
* Ἅρπ η, faucille.—Ἀῤῥαϐών, gage.	ης, ἡ.—ῶνος, ὁ.
Ἄῤῥ ην, fort, mâle, à grand courage.	ην, εν.
Ἀρν ός, *d'*agneau.—* Ἀρτ ᾷν, suspend.	*gén. s. nom.*—ήσω.
Ἄρτι, tout-à-l'heure, à présent.	*adv.*

Κγ′ = XXIII = 23.

Ἄρτ ιος, parfait, de mesure.	ος, ον.
Ἄρτ ος, pain, toute nourriture.	ου, ὁ.
Ἀρτύ ειν, ranger, disposer.	*f.* σω.
Ἀρύ ειν, ἀρύ τειν, puiser.	σω.
Ἀρχ ή, commencement ; puissance.	ῆς, ἡ.
* Ἄρω, concerte ; adapte, agence.	*f.* ἄρσω (?).
Ἄρωμ α, parfum, douce odeur.	ατος, τό.
Ἀσϐόλ ος, suie, *ou* sa noirceur.	ου, ὁ.
Ἀσελγ ής, libertin, obscène.	ής, ές.
Ἆσθμ α, souffle, ASTHME *ou* courte haleine.	ατος, τά.

Κδ′ = XXIV = 24.

Ἀσκ εῖν, exerce, instruit, rend beau. έω, *f.* ήσω.
Ἀσκ ός, outre, peau de bouc; peau. οῦ, ὁ.
Ἄσμεν ος, gai, de bonne grâce. η, ον.
Ἀσπά ζομαι, salue, embrasse. *f.* σομαι.
Ἀσπ ίς, l'ASPIC; un bouclier. ίδος, ἡ.
Ἀστ ήρ, ASTRE.—Ἀστρά πτω, briller. έρος, ὁ.—*f.* ψω.
Ἄστ υ, ville; finesse; Athènes. εος *ou* εως, τό.
* Ἀσχ άλλειν, est triste, a des peines. *f.* αλῶ.
* Ἀταλ ός, tendre, encore enfant. ή, όν.
Ἅτε, comme.—* Ἀτάρ, mais, pourtant. *adv.*

Κε′ = XXV = 25.

Ἄτ η, malheur, du mal déesse. ης, ἡ.
* Ἀτ ᾶν, * Ἀτέμβ ω, nuit, perd, blesse. *f.* ήσω.
* Ἀτμ ήν, esclave, serviteur. ένος, ὁ.
Ἀτμ ός, exhalaison, vapeur. οῦ, ὁ.
Ἀτρεκ ής, certain, véritable. ής, ές.
Ἄ ττω, bondit, saute, est instable. *f.* ἄξω.
* Ἀτύ ζειν, frapper de terreur. ξω.
Αὐγ ή, l'aube *ou* jour vif, splendeur. ῆς, ἡ.
Αὖ, derechef, en sens inverse. *adv.*
* Αὐδ ή, voix; discours; controverse. ῆς, ἡ.

Κϛ′ = XXVI = 26.

Αὖλ αξ, le sillon du labour. αχος, ἡ.
Αὐλ ή, palais, salle; une cour. ῆς, ἡ.
Αὐλ ός, flûte, long tube, os vide. οῦ, ὁ.
Αὖρ α, vent doux, frais, tiède, humide. ας, ἡ.
Αὐτ ός, même.—* Ἄφαρ, aussitôt. ή, ό.—*adv.*
Αὐχ έω, se vante tout haut. *f.* ήσω.
Αὐχ ήν, cou; gorge, étroit passage. ένος, ὁ.
* Αὔω, crie, appelle avec rage. *f.* ἀύσω.
Αὔ ω, dessèche.—Αὐχμ ός, chaleur. *f.* σω.—οῦ, ὁ.
Ἀφελ ής, franc, simple de cœur. ής, ές.

Κζ′ = XXVII = 27.

* Ἄφεν ος, gain, fortune, rente. εος, τό et ου, ὁ
Ἀφρ ός, écume blanchissante. οῦ, ὁ
Ἀφύ σσω, puise; tire au puits. *f.* ύσω.
Ἀχάτ ης, l'AGATE *ou* l'onyx. ου, ὁ
Ἄχθ ος, fardeau; chagrin, tristesse. εος, τό
Ἀχλ ύς, ténèbres, brume épaisse. ύος, ἡ.
* Ἄχ ος, peine, douleur, chagrin. εος, τό.
Ἄχυρ ον, paille; peau du grain. ου, τό.
Ἁψ ίς, *ou* maille *ou* voûte *ou* jante. ίδος, ἡ.
Ἄωτ ον, fleur, chose excellente. ου, τό.

Κη′ = XXVIII = 28.

Β′ *seul, comme chiffre, vaut* deux. β′ = 2, ͵β = 2000.
Βάζ ω, parle.—Βάθ ος, fond, creux. *f.* εος, τό.
Βαίνω, marche.—Βαι ός, modique. *f.* βήσομαι.—ά, όν.
Βάκτρ ον, bâton, rondin *ou* trique. ου, τό.
Βαλανεῖ ον, BAIN *et* lavoir. ου, τό.
Βάλαν ος, gland; verrou, fermoir. ου, ἡ.
Βαλάντι ον, petit sac, bourse. ου, τό.
Βαλϐ ίς, bord; but d'où part la course. ίδος, ἡ.
Βά λλω, jette, atteint en lançant. *f.* λῶ, *p.* βέϐληκα.
Βαμϐ αίνω, parle en bégayant. *f.* ανῶ.

Κθ′ = XXIX = 29.

Βάναυσ ος, forgeron; esclave. ου, ὁ.
Βά πτω, je plonge en l'eau, teins, lave. *f.* ψω.
Βάρϐιτ ος, luth.—Βαρ ύς, pesant. ου, ἡ.—εῖα, ύ.
Βάσαν ος, épreuve *et* tourment. ου, ὁ.
Βασιλ εύς, roi, chef d'un empire. έως, ὁ.
Βασκ αίνω, FASCINER, médire. *f.* ανῶ.
Βαστά ζω, pèse; porte un faix. σω, ξω.
Βάτ ος, ronce, buisson épais. ου, ἡ.
* Βαυϐ ᾷν, dort.—Βάτραχ ος, grenouille. *f.* ήσω.—ου, ὁ.
Βαΰ ζειν, aboie *ou* bredouille. *f.* ξω.

Λ′ = XXX = 30.

Βδά λλω, traire, sucer, téter. *f.* αλῶ.
Βδ έω, Βδελύσσω, dégoûter. *f.* βδέσω, ήσω.
Βέβαι ος, ferme, à base sûre. ος, ον.
Βέλ ος, trait, flèche ; coup, blessure. εος, τό.
* Βελτί ων, meilleur, plus prudent. ων, ον.
Βέμβ ηξ, sabot ; tournant ; grand vent. ηκος, ὁ.
Βηλ ός, seuil.—Βέβηλ ος, profane. οῦ, ὁ.—ος, ον.
Βήξ, la toux.—Βήχι ον, pas-d'âne. βηχός, ἡ, ὁ.—ου, τό.
Βῆσσ αι, pentes *ou* flancs d'un mont. *g.* ῶν, αἱ.
Βί α, *vis*, force ; outrage, affront. ας, ἡ.

Λα′ = XXXI = 31.

Βίβλ ος, écorce *ou* papier ; livre[1]. ου, ἡ ; ὁ.
Βι ός, arc.—Βί ος, VIE *ou* vivre. οῦ, ὁ.
Βλαισ ός, bancal.—Βλ άξ, mou, poltron. ή, όν.—ακός, ὁ.
Βλά πτω, nuit, fait tort, lésion. *f.* ψω.
Βλασ τάνω, germe *et* fructifie. τήσω.
Βλέννα, *mucus*, morve ; folie. ης, ἡ.
Βλενν ός, lâche et lent, sans esprit. ή, όν.
Βλέ πω, voit *ou* regarde *ou* vit. *f.* ψω.
*Βληχ άς, brebis.—Βληχ ᾶσθαι, bêle. *g.* άδος, ἡ.—*f.* ήσομαι.
Βληχ ρός, mou, faible, hébété, frêle. ά, όν.

Λβ′ = XXXII = 32.

Βλί σσω, j'exprime *ou* fais sortir. *f.* ίσω.
Βλύ ζειν, couler, sourdre, jaillir. *f.* σω.
Βλωμ ός, morceau de pain, bouchée. οῦ, ὁ.
* Βλώσκω, va.—Βλῶσις, arrivée. *f.* μολοῦμαι.
Βο ᾶν, crier, beugler, mugir. άω, *f.* ήσω.
Βοηθ εῖν, aider, secourir. έω, ήσω.
Βόθρ ος, trou, puits, fosse profonde. ου, ὁ.
Βολβ ός, oignon, racine ronde. οῦ, ὁ.
Βόμβ ος, bourdonnement ; bruit, son. ου, ὁ.
Βομβύλ ιος, mouche, bourdon. ου, ὁ.

[1] Voy. décade 36, v. 4.

Λγ′ = XXXIII = 33.

Βορ ά, fourrage, nourriture. ᾶς, ἡ.
Βόρϐορ ος, bourbier, boue, ordure. ου, ὁ.
Βορέ ας, nord ; vent-nord *fougueux*. ου, ὁ.
Βόστρυχος, boucles de cheveux. ου, ὁ.
Βότρ υς, raisin.—Βουλ ή, sentence. υος, ὁ.—ῆς, ἡ.
* Βούλ ομαι, veut, désire, pense. ήσομαι.
Βουϐ ών, l'aine ; BUBON ; tumeur. ῶνος, ὁ.
Βουνός, tertre, coteau, hauteur. οῦ, ὁ.
Βοῦς, bœuf, vache.—*Βόσκ ω, fait paître. *g.* βοός, ὁ, ἡ, *f.* ήσω.
Βραϐ εύς, arbitre, juge *ou* maître. έως, ὁ.

Λδ' = XXXIV = 34.

Βράγχ ος, voix rauque, un enrouement. ου, ὁ.
Βραδ ύς, *bardus*, tardif, lourd, lent. εῖα, υ.
Βρά ζω, bout avec violence. *f.* σω.
Βραχί ων, BRAS ; muscle ; puissance. ονος, ὁ.
Βραχ ύς, court, bref.—† Βράχ ω, rend bruit. εῖα, ύ.
Βρέμ ω, FRÉMIT, gronde, mugit. *f.* μῶ.
Βρέ νθος, faste, luxe, arrogance. ου, ὁ.
Βρέφ ος, l'enfant *à sa naissance*. εος, τό.
Βρέ χω, mouille ; boit largement. *f.* ξω.
Βρι ᾶν, est *ou* rend fort, puissant. άω, άσω.

Λε′ = XXXV = 35.

Βρίζ ω, dort en sortant de table. *f.* σω.
Βρίθ ω, s'affaisse ; attaque, accable. σω.
Βρόγχ ος, BRONCHES ; gosier, le cou. *g.* ου, ὁ.
Βρόχ ος, lacet, corde ; licou. ου, ὁ.
Βροντ ή, le tonnerre qui gronde. ῆς, ἡ.
Βροτ ός, mortel, l'homme ; le monde. οῦ, ὁ.
Βρύ κω, croque, mange, engloutit. *f.* ξω.
Βρύ χω, grince des dents, rugit. ξω.
Βρύ ω, jaillit ; pullule ; pousse. *f.* σω.
Βρύ ον, herbe molle ; algue ; mousse. ου, τό.

Λϛ' = XXXVI = 36.

Βρῶμ ος (*d'où* BRÔME [1]), puanteur. ου, ὁ.
* Βρώ σκω, manger —Βρωτήρ, mangeur. *f.* σομαι.—ῆρος, ὁ.
Βύ ας, hibou, l'orfraie *horrible*. ου, ὁ.
Βύϐλ ος, écorce, *et* βίϐλος, BIBLE. ου, ἡ.
Βυθ ός, abîme, fond de l'eau. οῦ, ὁ.
Βύρσ α, peau tannée *ou* cuir ; peau. ης, ἡ.
Βύσσ ος, lin d'extrême finesse. ου, ἡ.
Βύ ω, BOUCHE, obstrue, emplit, presse. *f.* σω.
Βῶλ ος, glèbe *ou* champ ; BOL, morceau. ου, ἡ.
Βωμ ός, autel ; socle ; coteau. οῦ, ὁ.

Λζ' = XXXVII = 37.

Γ *vaut ou* trois *ou* trois mille. γ' = 3. ͵γ = 3,000.
Γάζ α, gros trésor. GAZA, *ville*. ης *ou* ας, ἡ.
Γαῖ α, γῆ, terre, pays, champ. ας, γῆς, ἡ.
Γαίω, s'élève, est insolent. *sans f.*
Γάλ α, lait.—Γαλουχεῖν, allaite. *g.* ακτος, τό.
Γαλέ η, Γαλ ῆ, chat ; belette. ῆς, ἡ.
Γαλήν η, temps calme ; air serein. ης, ἡ.
Γαμϐρ ός, gendre, allié, cousin. οῦ, ὁ.
Γαμ εῖν, épouser femme *ou* fille. έω, *f.* ήσω.
Γάν ος, joie ; éclat ; ce qui brille. εος, τό.

Λη' = XXXVIII = 38.

Γαργ αίρειν, regorger ; briller. *f.* αρῶ.
Γαργαλί ζειν, *c'est* chatouiller. σω.
Γαστ ήρ, estomac, ventre, panse. έρος *et* τρός, ἡ.
Γαῦρ ος, altier, plein d'arrogance. α, ον.
* Γείν ομαι, naît, est, devient ; croît. *f.* γενήσομαι.
Γεῖσ ον, larmier, le bord du toit. ου, τό.
Γείτ ων (ὁ, ἡ), voisin, voisine. *g.* ονος.
Γελ άω, rit, raille, badine. *f.* άσω.
Γέμ ειν, est plein, surabondant. *f.* γεμῶ.
Γέν υς, menton barbu ; poil blanc. υος, ἡ.

[1] *Chim.*, corps simple, découvert en 1828 par M. Balard.

Λθ′ = XXXIX = 39.

Γέραν ος, grue ; antique danse. ου, ἡ.
Γέρ ας, prix, honneur, récompense. ατος-ως, τό.
Γέρ ων, vieux, vieillard ; sénateur. οντος, ὁ.
Γεύ ω, fait goûter la saveur. *f.* σομαι.
Γέφυρ α, pont, digue, chaussée. *g.* ας, ἡ.
Γηθ έω, réjouit, récrée. *f.* ήσω.
Γῆρ ας, vieillesse, âge de sens. ατος-ως, τό.
Γῆρ υς, son, voix ; de doux accents. υος, ἡ.
Γινώσκω, connaît, juge *et* pense. *f.* γνώσομαι.
* Γνώμη, l'avis, décret ; sentence. ης, ἡ.

Μ′ = XL = 40.

Γλαυκ ός, azuré, vert de mer. ή, όν.
* Γλαύ ξ, la chouette *aux yeux d'un bleu clair.* *g.* κός, ἡ.
Γλά φω, creuse, polit, ciselle. ψω.
Γλεῦκ ος, vin doux.—Γλήνη, prunelle. εος-ους, τό.—ης, ἡ.
Γλίσχρ ος, qui tient, gluant ; glissant. α, ον.
Γλίχ ομαι, désire ardemment. *sans f.*
Γλοι ός, visqueux, sale, minable. ά, όν.
Γλυκ ύς, sucré, doux ; agréable. εῖα, ύ.
Γλῶσσ α, langue, GLOSE ; vieux mot. ης, ἡ.
Γλωχ ίς, pointe d'un javelot. ῖνος, ἡ.

Μα′ = XLI = 41.

Γνάθ ος, joue *et* bouche, *ou* mâchoire. ου, ἡ.
Γνόφ ος, ténèbres, nuit fort noire. ου, ὁ.
Γο άω, gémir, déplorer. *f.* ήσω.
Γογγ ύζω, gronder, murmurer. *f.* ύσω.
Γό ης, fourbe, en magie habile. ητος, ὁ.
Γόμφ ος, un coin, gros clou, cheville. ου, ὁ.
Γόν υ, genou ; courbure, nœud. υος *et* ατος, τό.
Γοργ ός, terrible ; impétueux. ή, όν.
Γραῖα, γραῦς, *g.* γραός, vieille femme. ας, ἡ.
Γρ άφω, peint, écrit, GRAVE *ou* blâme. *f.* άψω.

Mϐ' = XLII = 42.

Γρά ω, manger; être sculpteur.	*sans f.*
Γρίπ ος, rets, filet de pêcheur.	ου, ὁ.
Γρύ, cri du porc.—* Γρύ ζω, grouine[1].	* *f.* ξω.
Γρυπ ός, nez à forme aquiline.	ός *ou* ή, όν
* Γύ α, champ, arpent *ou* chemin.	ας, ἡ.
Γυῖ ον, un membre, pied *ou* main.	ου, τό.
Γυμν ός, nu, privé.—Γυν ή, femme.	ή, όν.—αικός, ἡ.
Γυναιχ ίας, sans force d'âme.	ίου, ὁ.
Γυρ ός, cercle, tour.—Γύψ, vautour.	οῦ, ὁ.—γυπός, ὁ.
Γωνί α, COIN, angle; détour.	ας, ἡ.

Mγ' = XLIII = 43.

Δ, quatre *ou* dix; triangulaire.	δ' = 4. ͵δ = 4,000.
Δα ήρ, de l'épouse le frère.	έρος, ὁ.
Δαιδά λλω, travaille avec art.	*f.* λῶ.
Δαίμ ων, dieu, DÉMON; sort, hasard.	ονος, ὁ.
* Δαί ειν, apprend; brûle; festine.	*f.* δαίσω.
Δάκ νω, mord, pique au vif, chagrine.	δήξω.
Δακρύ ω, pleurer, larmoyer.	*f.* σω.
Δάκτυλ ος, doigt; fruit du dattier.	ου, ὁ.
Δαμ άω, dompte, accable, opprime.	*f.* άσω.
Δάν ος, don, prêt; usure *ou* prime.	εος, τό.

Mδ' = XLIV = 44.

Δαπαν ᾷν, en frais dépenser.	*f.* ήσω.
Δάπεδ ον, sol battu, plancher.	ου, τό.
* Δά πτω, mange, dévore; ronge.	*f.* ψω.
Δαρθά νω, dort, sommeille, songe.	*f.* δαρθήσομαι.
Δασ ύς, dru, velu, très-épais.	εῖα, ύ.
Δάφν η, laurier.—Δαῦχ ος, panais.	ης, ἡ.—ου, ὁ.
Δαψιλ ής, abondant, qui donne.	ής, ές.
* Δεί δω, craint, a frayeur; frissonne.	*f.* σω *ou* σομαι.
Δείκ νυμι, montrer, faire voir.	*f.* δείξω.
Δείλ η, l'après-dîner, le soir.	ης, ἡ.

[1] Grogne.

Με′ = XLV = 45.

Δειλ ός, craintif, faible ; pauvre homme. ή, όν.
Δεῖνα, quelqu'un, *sans qu'on le nomme.* *g.* δεῖνος.
Δειν ός, terrible ; habile, fin. ή, όν.
Δεῖπ νον, souper, banquet, festin. ου, τό.
Δεῖσ α, le fumier, fiente, ordure. ης, ἡ.
Δέκα, dix, *ou* Δ, *sa figure.* *Voy.* décade 43.
Δέλ εαρ, viande, appât trompeur. *g.* έατος, τό.
Δελφ ίν, DAUPHIN, poisson souffleur. ῖνος, ὁ.
Δέλφ αξ, cochon qui vient de naître. ακος, ὁ, ἡ.
Δελφ ύς, sein, ventre où l'on prend l'être. ύος, ἡ.

Μϛ′ = XLVI = 46.

* Δέμ ας, le corps.—Δέμνι ον, lit. *indécl.* τό.—ου, τό.
Δέμ ω, fonde, construit, bâtit. *f.* δεμῶ.
Δένδρ ον, arbre (tronc, bois, feuillage). ου, τό.
Δενν ός, qui profère l'outrage. ή, όν.
Δένν ος, outrage, affront sanglant. ου, ὁ.
Δεξι ά, main droite, serment. ᾶς, ἡ.
Δέ ος, crainte.—Δέπ ας, pot, coupe. ους, τό.—αος, τό.
* Δέρ η, δειρ ά, cou ; mont, sa croupe. ᾶς, ἡ.
Δέρ κομαι, voit, a l'œil vif, beau. *f.* ξομαι.
Δέρ ω, j'écorche, *et* δέρμα, peau. *f.* δερῶ.—ατος, τό.

Μζ′ = XLVII = 47.

Δεσπό ζειν, règne en chef suprême. *f.* σω.
Δεῦκ ος, vin doux *et* douceur même. εος, τό
Δεῦρο, par ici, ça, viens donc. *adv.*
Δεύτερ ος, deuxième *ou* second. α, ον.
Δεύ ω, j'imbibe *ou* teins ; je mouille. *f.* σω.
Δέ φω, tanne, écorche *ou* dépouille. δέψω.
Δέχ ομαι, reçoit, juge, attend. δέξομαι.
Δέ ω, lie *ou* manque ; est absent. δήσω.
Δῆλ ος, clair, certain, manifeste. η, ον.
Δηλ οῦμαι, trompe ; gâte, infeste. *f.* ήσομαι.

Μη′ = XLVIII = 48.

Δῆμ ος, peuple ; DÊME *ou* canton.	ου, ὁ.
* Δῆν ος, conseil, déception.	εος, τό.
Δῆρ ις, débat, dispute, brouille.	ιος *et* εως, ἡ.
Διαίν ειν, humecte d'eau, mouille.	*f.* ανῶ.
Δίαιτ α, DIÈTE ; état qu'on suit.	ης, ἡ.
Διδά σκω, montre, enseigne, instruit.	*f.* ξω.
Δίδυμ ος, double, jumeau, frère.	ος *ou* η, ον.
Δίδω μι, donne, offre, confère.	*f.* δώσω.
Δίζ ω, chercher.—Δίκ η, procès.	ήσω.—ης, ἡ.
* Δί κω, jeter.—Δίκτυ ον, rets.	*sans f.*—ου, τό.

Μθ′ = XLIX = 49.

Δίν η, tournant, gouffre *ou* rapide.	ης, ἡ.
Διπλό ος, double, en deux ; perfide.	όη, όον.
Δίς, *bis.*—Δίχα, deux fois, en deux.	*adv.*
Δίσκ ος, palet rond, plat non creux.	ου, ὁ.
Διστά ζειν, en doute se trouve.	*f.* σω *et* ξω.
Διψ άω, cherche, tâte, éprouve.	άσω *et* ήσω.
Διφθέρ α, peau, parchemin, cuir.	ας, ἡ.
Δίφρ ος, char.—Δίψ α, soif ; désir.	ου, ὁ.—ης, ἡ.
* Δίω (*moyen* chasse), a peur, file.	*aor.* 2, ἔδιον.
Διώ κω, poursuit, chasse, exile.	*f.* ξω, ξομαι.

Ν′ = L = 50.

Δνόφ ος, ténèbres, nuit, gros temps.	ου, ὁ.
Δοκά ζω, je crois, juge, attends.	*f.* σω.
Δοκ έω, semble, est d'avis, pense.	ήσω.
* Δόξ α, gloire ; attente ; sentence.	*g.* ης, ἡ.
Δοκ ός, poutre.—Δοίδ υξ, pilon.	οῦ, ἡ.—υκος, ὁ.
Δολιχ ός, qui s'étend, grand, long.	ή, όν.
Δόλ ος, DOL, ruse, fourberie.	ου, ὁ.
Δόν αξ, roseau que le vent plie.	ακος, ὁ.
Δον έω, meut, met aux abois.	*f.* ήσω.
Δορκ ός, δόρ ξ, chevreuil *ou* chamois.	ός, ὁ.—κός, ὁ.

Να′ = LI = 51.

* Δόρπ ον, souper.—Δόρ υ, bois ; pique. ου, τό.—ατος, τό.
Δοχμ ός, δόχμιος, courbe, oblique. *g.* οῦ, ου.
Δοῦλ ος, esclave, au joug réduit. ου, ὁ.
Δοῦπ ος, fracas ; chute à grand bruit. ου, ὁ.
Δράκ ων, gros serpent *qui s'enlace*. οντος, ὁ.
Δρά σσω, saisit, empoigne, embrasse. *f.* σω *et* ξω.
Δραχμ ή, DRACHME (en poids, en argent). ῆς, ἡ.
Δρᾷ ν, fait, agit ; fuit prestement. *f.* άσω.
Δρέ πω, cueille, fauche un blé, l'herbe. ψω.
Δριμ ύς, vif ; piquant, âcre, acerbe. εῖα, ύ.

Νϐ′ = LII = 52.

Δρόσ ος, ROSÉE *ou* gouttes d'eau. ου, ἡ.
Δρύ πτω, déchire, ôte la peau. *f.* ψω.
Δρ ῦς, tout arbre, *et surtout* le chêne. υός, ἡ.
* Δύ η, malheur.—Δύς, avec peine. ης, ἡ.—*partic. insép.*
Δύν αμαι, peut, est fort ; valoir. *f.* ήσομαι.
Δύναμ ις, armée ; art ; pouvoir. εως, ἡ.
Δύ νω, je pénètre *ou* plonge, entre. *f.* σω.
Δύ ομαι, revêt, se glisse entre. *f.* σομαι.
Δύο, deux.—Δοιά ζω, douter. *f.* σω.
Δῶρ ον, don.—Δωρ έω, doter. ου, τό.—*f.* ήσω.

Νγ′ = LIII = 53.

Ε cinq ; hélas ! cri de détresse. ε′ = 5. ͵ε = 5,000.
* Ἔαρ, ἦρ, printemps ; sève ; graisse. ἔαρος, τό.
Ἐά ω, permet, laisse, omet. *f.* άσω.
Ἐγγύ η, caution ; billet. ης, ἡ.
Ἐγγύς, près, proche ; presque ; ensuite. *adv.*
Ἐγ είρω, dresse, éveille, excite. *f.* ερῶ.
* Ἐγκάς, profondément, au fond. *adv.*
Ἐγκώμι ον, louange au long. ου, τό.
Ἐγκρ ίς, gâteau de miel et d'huile. ίδος, ἡ.
Ἔγχ ος, lance.—Ἔγχελ υς, ANGUILLE. εος, τό.—υος, ἡ.

Νδ′ = LIV = 54.

Ἕδν α, de noces les présents.	*g.* ων, τά.
Ἔδω, mange.—Ἔδ αρ, aliments.	*f.* ἔδομαι.—ατος, τό.
Ἕζ ομαι, s'assied.—Ἕδρα, chaire.	*f.* ἑδοῦμαι.
Ἕδ ος, siége, base *ou* sol, terre.	*g.* εος-ους, τό.
Ἔθειρ α, longs, épais cheveux.	ας, ἡ.
Ἐθέλ ω, je consens, je veux.	*f.* ήσω.
Ἔθν ος, un peuple.—Ἔθος, l'usage.	εος, τό.
Εἴα, gazon.—Εἶα, courage!	ας, ἡ.—*adv.*
† Εἴδω, je vois, j'entends, je sais.	*Voy.* ὁράω.
Εἶδος, espèce; aspect; beaux traits.	εος, τό.

Νε′ = LV = 55.

Εἰκῆ, par hasard, d'aventure.	*adv.*
Εἰκ ών, vraie image *ou* peinture.	*g.* όνος, ἡ.
Ἔοικα, semble.—Εἴκοσι, vingt.	*parf.* 2, *sens prés.*
Εἴ κω, cède *ou* faiblit *ou* craint.	*f.* ξω.
Εἰλ έω, roule autour, enserre.	ήσω.
Εἴλλ ω, je presse, amasse *et* serre.	ήσω.
Εἵλ ως, peuple à Sparte asservi.	ωτος, ὁ.
Εἰνάτ ηρ, la sœur du mari.	ηρος, ἡ.
Εἵρ γω, j'emprisonne, j'enferme.	*f.* ξω.
Εἴρ γω, défendre, mettre un terme.	ξω.

Νς′ = LVI = 56.

Εἰρήν η, paix, calme, repos.	ης, ἡ.
Εἶρ ος, laine, en laine travaux.	εος, τό.
* Εἴρω, parle, interroge; noue.	*f.* ἐρῶ.
Εἴρ ων, railleur, faux, qui vous joue.	ωνος, ὁ.
Εἷς, un, un seul.—Οὐδ είς, pas un.	μία, ἕν.
Ἑκάς, loin.—Ἕκαστ ος, chacun.	*adv.*—η, ον.
Ἑκάτερ ος, tous deux, la paire.	α, ον.
Ἑκάτ η, Hécate sévère.	ης, ἡ.
Ἑκατόν, cent; nombre infini.	*indécl.*
* Ἕκηλ ος, doux, paisible, ami.	ος, ον.

Nζ′ = LVII = 57.

Ἑκυρ ός, *socer*, le beau-père.	οῦ, ὁ.
Ἑκ ών, de bon gré, volontaire.	όντος.
Ἐλαί α, l'olivier, son fruit.	ας, ἡ.
Ἐλάτ η, sapin *se traduit*	ης, ἡ.
Ἐλαύ νω, pousse, excite, mène.	*f.* ἐλάσω.
Ἐλατ ήρ, qui chevaux entraîne.	ῆρος, ὁ.
Ἔλαφ ος (ἡ), biche ; (ὁ), le cerf.	ου, ἡ, ὁ.
Ἐλαφρ ός, agile, léger.	ά, όν.
Ἐλαχ ύς, petit, qu'on rejette.	εῖα, ύ.
Ἔλδομαι, désire *et* souhaite.	*f. inus.*

Nη′ = LVIII = 58.

Ἔλεγ ος, deuil, lugubre chant.	*g.* ου, ὁ.
Ἐλέγ χειν, convainc *et* reprend.	*f.* ξω.
Ἔλε ος, pitié *secourable*.	*g.* εος, τό.
Ἐλεύθερ ος, libre ; honorable.	α, ον.
Ἐλέφ ας, ivoire, ÉLÉPHANT.	αντος, ὁ.
Ἕλ η, chaud du soleil ardent.	ης, ἡ.
Ἐλινν ύειν, chôme *ou* diffère.	*f.* ύσω.
Ἕλκ ος, blessure, *ulcus*, ULCÈRE.	εος, τό.
Ἕλκ ω, traîner.—Ὁλκ ός, sillon.	*f.* ἕλξω.—*g.* οῦ, ὁ.
Ἕλλ ην, pur Grec de nation.	ηνος, ὁ.

Nθ′ = LIX = 59.

Ἑλλ ός, faon.—Ἕλ ος, eau stagnante.	οῦ, ὁ.—εος, τό.
Ἐλπ ίς, espoir *ou* crainte, attente.	ίδος, ἡ.
Ἐμέ ω, VOMIR, rejeter.	*f.* σω.
Ἐμπά ζομαι, soigner, fêter.	άσομαι.
Ἐναίρ ειν, perd, dépouille, tue.	αρῶ.
Ἐναργ ής, clair, frappant la vue.	ής, ές.
Ἐνιαυτ ός, un an, longtemps.	οῦ, ὁ.
Ἔνι οι, plusieurs, quelques gens.	αι, α.
Ἐννέα, neuf.—* Ἔνος, long âge.	*ind. adj. num.*—ου, ὁ.
* Εἵντε α, les armes ; bagage.	έων, τά, *pl.*

Ξ′ = LX = 60.

Ἐννυ ώ, déesse de sang. όος-οῦς, ἡ.
Ἕξ, six. — * Ἑξῆς, de suite, en rang. *indécl.—adv.*
Ἑορτ ή, fête solennelle. ῆς, ἡ.
Ἐπεί γω, pousse *et* meut ; harcelle. *f.* ξω.
Ἐπηρεά ζω, nuit, médit. σω.
Ἐπήρει α, tort, discrédit. ας, ἡ.
Ἐπίκουρ ος, auxiliaire. ος, ον.
Ἐπιπολῆς, bien en lumière. *adv.*
Ἐπίτηδες, tout à souhait. *adv.*
Ἑβδομ άς, sept jours, *d'*Ἑπτά, sept. *g.* άδος, ἡ.

Ξα′ = LXI = 61.

* Ἕπω, soigne, suit, a l'empire. *f.* ἕψω.
Εἶπ εῖν, parler, pérorer, dire. *f. inus.*
Ἔπ ος, parole, vers ; beau mot. *g.* εος, τό.
Ἔραν ος, festin par écot. ου, ὁ.
Ἐρ ᾶν, aime. — Ἔργον, œuvre, ouvrage. άω, *f.* άσω.
* Ἔρεβ ος, enfer, noire plage. εος-ους, τό.
* Ἐρέθ ω, pique, irrite, aigrit. *sans f.*
Ἐρεί δω, soutient, affermit. *f.* σω,
Ἐρεί κω, broie. — Ἐρεί πω, sape. *f.* ξω. — *f.* ψω.
* Ἐρέπτ ομαι, dévore *ou* happe. *sans f.*

Ξβ′ = LXII = 62.

Ἐρέ σσω, s'agite, est rameur. *f.* ἐρέσω.
Ἐρεσχελ εῖν, raille, est hâbleur. έω, *f.* ήσω.
Ἐρεύ γομαι, vomit, rejette. *f.* ξομαι.
Ἔρευθ ος, rougeur, honte honnête. εος, τό.
Ἐρευν ᾶν, cherche en tout endroit. άω, *f.* ήσω.
Ἐρέ φω, couvre. — Ὄροφος, toit. ψω. — *g.* ου, ὁ.
Ἔρημ ος, désert, solitaire. ος *ou* η, ον.
Ἐρινν ύς, furie *ou* colère. ύος, ἡ.
Ἔρ ις, querelle *ou* contredit. ιδος, ἡ.
Ἔριφ ος, de chèvre un petit. ου, ὁ.

Ξγ′ = LXIII = 63.

῞Ερμ α, base, appui, ferme assiette. ατος, τό.
῾Ερμην εύς, héraut, interprète. έως, ὁ.
῾Ερμ ῆς, Mercure.—῾Ερμ άς, rocher. οῦ, ὁ.—άδος, ἡ.
῾Ερμαῖ ον, gain, sans le chercher. ου, τό.
῎Ερν ος, rameau, tige de plante. εος, τό.
῞Ερ πω, rampe, grimpe, SERPENTE. *f.* ψω.
῎Ερῤ ω, part, s'en va tristement. *f.* ἐῤῥήσω.
* ῎Ερσ η, ROSÉE ; agneau naissant. ης, ἡ.
* ᾿Ερύ κειν, empêche *et* retarde. *f.* ξω.
* ᾿Ερύ ω, tire, sauve, garde. σω.

Ξδ′ = LXIV = 64.

῎Ερχ ομαι, vient, arrive *et* va. *f.* ἐλεύσομαι.
᾿Ελεύθω, *ses temps y joindra.* *aor.* 2 ἦλθον.
* ᾿Ερω εῖν, court, fuit, fait retraite. έω, *f.* ήσω.
᾿Ερωτ ᾶν, s'informe, s'enquête. άω, *f.* ήσω.
᾿Εσθλ ός, bon, vaillant ; ménager. ή, όν.
῎Εσθ ω (*comme* ἐσθ ίω), manger. *f.* ἔδομαι. *Voy.* φάγομαι.
᾿Εσμ ός, ESSAIM, groupe, famille. οῦ, ὁ.
῞Εσπερ ος, astre au soir qui brille. ου, ὁ.
῾Εστί α, VESTA ; feu, foyer. ας, ἡ.
᾿Εσχάρ α, grille ; autel, brasier. ας, ἡ.

Ξε′ = LXV = 65.

῎Εσχατ ος, dernier, qui termine. ου, ὁ.
᾿Ετά ζω, recherche, examine. *f.* σω. *rare au simple.*
῾Εταῖρ ος, ami, compagnon. ου, ὁ.
* ῎Ετ ης, ami (*moindre union*). ου, ὁ.
῞Ετερ ος, l'autre ; qui diffère. α, ον.
῞Ετοιμ ος, prêt ; prompt à bien faire. ος *ou* η, ον.
῎Ετν ος, purée.—῎Ετος, un an. εος, τό.
῎Ετυμ ος, vrai, réel ; vivant. ος *ou* η, ον.
Εὐδί α, l'air, l'onde immobile. *g.* ας, ἡ.
Εὕδ ω, καθεύδω, dort tranquille. *f.* εὐδήσω.

Ξς′ = LXVI = 66.

Εὐθ ύς, droit.—* Εὐθύ, sur-le-champ. εῖα, ύ.
Εὐν ή, lit, gîte, logement. ῆς, ἡ.
Εὔριπ ος, l'EURIPE ; mobile. ου, ὁ, ἡ.
Εὐριπώδ ης, qui flotte, oscille. ης, ες.
Εὑρίσκ ω, trouve en recherchant. *f.* εὑρήσω.
Εὐρ ύς, vaste, ample.—Εὐρώς, relent. εῖα, ύ.—ῶτος, ὁ.
Ἐΰς, bon, brave ; εὖγε, courage ! *g.* ἐῆος ; *adv.*
Εὔ χομαι, prie, à Dieu s'engage. *f.* ξομαι.
Εὔ ω, grille, au feu passe *ou* met. σω.
Εὐωχί α, festin, banquet. ας, ἡ.

Ξζ′ = LXVII = 67.

Ἔχθ ος, la haine.—Ἔχ ις, vipère. εος, τό.—εως, ὁ.
Ἐχῖν ος, hérisson de terre. ου, ὁ.
Ἐχυρ ός, fort ; lieu sûr, château. ά, όν ; οῦ, ὁ.
Ἕψω, cuit, *et* fait bouillir l'eau. ἑψέω, *f.* ήσω.
Ἔχω, σχῶ, j'ai ; je puis ; connaître. *f.* ἕξω.
Σχῆμ α, forme ; habit ; façon d'être. ατος, τό.
Ἔω (*doux*), être, aller, venir. *f.* ἔσομαι.
Ἕω (*rude*), envoyer, vêtir. *f.* ἥσω.
Ἐσθ ής, robe, vêtement, VESTE. ῆτος, ἡ.
Ἕωλ ος, d'hier ; vieux, qui reste. ος, ον.

Ξη′ = LXVIII = 68.

Ζῆτα *vaut* sept. (ς′) σῖγμα ταῦ, six. ς′=6. ζ′=7. ͵ζ=7,000.
Ζά ω, je respire, je vis. *f.* ήσω.
Ζάγκλη, faux.—Ζάλη, temps d'orage. ης, ἡ.—ης, ἡ.
Ζεύγνυ μι, joint ; fait assemblage. *f.* ξω.
Ζεύς, Διός, le DIEU Jupiter. *g.* Διός, ὁ.
Ζέφυρ ος, ZÉPHYR, un doux air. ου, ὁ.
Ζέ ω, bouillonne, bout d'envie. *f.* σω.
Ζῆλ ος, ZÈLE, ardeur, jalousie. ου, ὁ.
Ζημί α, perte *ou* châtiment. ας, ἡ.
Ζητ έω, cherche, va quêtant. *f.* ήσω.

Ξθ′ = LXIX = 69.

Ζιζάνι ον, ivraie ; envie. *g.* ου, τό.
Ζόφ ος, la brune ; *ou* brume *et* pluie. ου, ὁ.
Ζύθ ος, bière, boisson de grain. ου, ὁ *et* εος, τό.
Ζύμ η, levure, le levain. ης, ἡ.
Ζωμ ός, potage *ou* ragoût ; sauce. οῦ, ὁ.
Ζωννύ ω, ceint ; l'armure endosse. *f.* ζώσω.
* Ζών η, ceinture, baudrier. ης, ἡ.
* Ζωνίτ ης, le ceinturonnier. ου, ὁ
* Ζωστ ήρ, ceinturon pour l'épée. ῆρος, ὁ.
Ζωρ ός, pur ; boisson non trempée. ός, όν.

O′ = LXX = 70.

H, huit.—Ἦ μήν, en vérité. *adv.* η′ = 8. ,η = 8,000.
Ἥβ η, jeunesse ; puberté. ης, ἡ.
Ἡγ έομαι, croit ; guide *ou* pousse. *f.* ήσομαι.
Ἤδη, déjà.—Ἡδ ύς, doux, douce. *adv.*—εῖα, ύ.
Ἦθ ος, les mœurs ; gîte *ou* logis. εος, τό.
Ἤθω, passe au filtre, au tamis. *f.* ἤσω *et* ἠθήσω.
Ἠΐθε ος, vierge, au jeune âge. *g.* ου, ὁ, ἡ.
Ἠϊ ών, bord, rive, rivage. όνος, ὁ.
Ἥ κω, je viens ; concerne, a trait. *f.* ξω.
Ἠλακάτ η, quenouille *ou* trait. ης, ἡ.

Oα′ = LXXI = 71.

* Ἠλάσκω, fuit ; erre, s'égare. *sans f.*
* Ἠλε ός, niais, fou, bizarre. ή, όν.
Ἠλίθι ος, sot, fou, sans cœur. α, ον.
Ἡλικί α, taille, âge en fleur. ας, ἡ.
Ἡλίκ ος, quel grand ! tel que, frère. η, ον.
Ἥλι ος, soleil ; jour solaire. ου, ὁ.
Ἧλ ος, clou ; poireau, cor aux pieds. ου, ὁ.
* Ἧμαι, κάθημαι, je m'assieds. *sans f.*
* Ἠμεκτ εῖν, supporte avec peine. *f.* ήσω.
Ἡμέρ α, jour ; temps, vie humaine. ας, ἡ.

Οϐ′ = LXII = 72.

Ἥμερ ος, doux, souple, adouci.	ος, ον.
Ἥμισ υς, à moitié, demi.	εια, υ.
Ἠμύ ω, penche, tombe ; accable.	*f.* σω.
Ἤν, si.—* Ἠνεκ ής, long, durable.	*conj.* ής, ές.
Ἡνί α, bride *ou* frein, licou.	ας, ἡ.
* Ἧπαρ, foie.—Ἡπά ω, recoud.	*g.* ἥπατος, τό.
Ἤπειρ ος, le continent, terre.	ου, ἡ.
Ἤπι ος, doux, bon, débonnaire.	α, ον.
Ἥρ α, reine de l'air, Junon.	ας, ἡ.
Ἤρεμ ος, *comme* Ἥμερ ος, bon.	

Ογ′ = LXIII = 73.

Ἠρί ον, tombeau mortuaire.	ου, τό.
Ἥρ ως, HÉROS, brave à la guerre.	ωος, ὁ.
Ἥσσ ων, ἥττων, moindre, au-dessous.	ονος, ὁ, ἡ.
Ἥσυχ ος, tranquille, en paix, doux.	ος, ον.
Ἦτ ορ, le cœur, l'esprit *et* l'âme.	ορος, τό.
Ἤτρι ον, fil, tissu, la trame.	ου, τό.
Ἥφαιστ ος, Vulcain, forgeron.	ου, ὁ.
Ἠχ ώ, l'ÉCHO.—Ἦχ ος, bruit, son.	όος-οῦς, ἡ.
Ἠχώδ ης, plein d'écho, sonore.	ης, ες.
Ἠ ώς, le point du jour, l'aurore.	*g.* ἠόος-οῦς, ἡ.

Οδ′ = LXXIV = 74.

Θῆτα, neuf.—Θαιρ ός, essieu, gond. θ′=9. ͵θ=9,000	—οῦ, ὁ.
Θάλαμ ος, lit, chambre *ou* maison.	ου, ὁ.
Θάλασσ α, mer, liquide plage.	ης, ἡ.
Θάλλω, verdit, pousse feuillage.	*f.* θαλλήσω.
Θάλ πω, couve, chauffe *et* soin prend.	ψω.
* Θαμά, fréquemment, fort souvent.	*adv.*
Θάμϐ ος, ce qui surprend, étonne.	εος, τό.
Θάμν ος, buisson ; plant qui foisonne.	ου, ὁ.
Θάπ τειν, enterre, ensevelit.	*f.* ψω.
Θάρσ ος, audace, ferme esprit.	εος, τό.

Οε′ = LXXV = 75.

Θαυμά ζω, j'admire, révère. *f.* σω.
Θε άομαι, voit, considère. άσομαι.
Θείνω, frappe *et* cogne ; enfoncer. θενῶ·
Θέλ γειν, adoucir, caresser. ξω.
Θέμηλ ον, base d'édifice. ου, τό.
Θέμ ις, Thémis, loi, droit, justice. ιδος *et* ιτος, ἡ.
Θέν αρ, la paume de la main. αρος, τό.
Θε ός, Dieu, l'être souverain. οῦ, ὁ, ά, ον.
Θεράπ ων, serviteur fidèle. οντος, ὁ.
Θέρ ος, été ; moisson nouvelle. εος, τό.

Οϛ′ = LXXVI = 76.

Θέ ρω, chauffe, sèche *ou* guérit. *f.* ρσω.
Θεσμ ός, pose ; usage *ou* loi, rit. οῦ, ὁ.
* Θέσπ ις, prophète, prophétesse. ιος, ὁ, ἡ.
Θέω, court, voyage *ou* s'empresse. *f.* θεύσομαι.
Θεωρ ός, juge, observateur. οῦ, ὁ.
Θή γειν, aiguise ; est promoteur. *f.* ξω.
Θηλ ή, bout du sein, la mamelle. ῆς, ἡ.
Θῆλ υς, féminin, mou, femelle. υς *et* εια, υ.
Θήρ, bête sauvage *ou* lion. θηρός, ὁ.
Θής, mercenaire ; homme en maison. θητός, ὁ.

Οζ′ = LXXVII = 77.

Θησαυρ ός, trésor *ou* richesse. οῦ, ὁ.
Θίασ ος, chœur ; troupe en liesse. ου, ὁ.
Θίϐ η, la corbeille d'osier *. ης, ἡ.
Θίγ ειν, effleurer ; manier. *f.* ξω.
Θίν, tas, amas ; dune, rivage. θινός, ὁ, ἡ.
Θλ άω, froisse, brise, saccage. *f.* άσω.
Θλί ϐω, presse, étreint ; fait souffrir. ψω.
Θνήσκειν, ἀποθνήσκειν, mourir. *f.* θανοῦμαι.
Θοίν η, repas de gastronome. ης, ἡ.
Θολ ός, bourbe ; *mais* Θόλ ος, dôme. οῦ, ὁ ; ου, ὁ.

Oη′ = LXXVIII = 78.

Θο ός, prompt, vif, impétueux. ά, όν.
Θόρυϐ ος, bruit tumultueux. ου, ό.
† Θόρ ω, saute.—Θραύ ω, fracasse. *f*. θοροῦμαι.—σω.
Θρ άομαι, je m'assieds, me place. θρήσομαι.
Θρέ ομαι, pousse des clameurs. *sans f*.
Θρῆν ος, lamentation, pleurs. ου, ὁ.
Θρησκεύ ω, j'adore *ou* rends gloire. *f*. σω.
Θρίαμϐ ος, triomphe, victoire. ου, ὁ.
Θριγκ ός, d'un mur le chaperon. οῦ, ὁ.
Θρίξ, *g*. τρι χός, cheveu, poil ; toison. *dat. pl*. θριξί, ἡ.

Oθ′ = LXXIX = 79.

Θρόμϐ ος, grume *ou* caillot *s'explique*. ου, ὁ.
Θρύλλ ος, son, bruit, rumeur publique. ου, ὁ.
Θρύ πτω, brise, énerve, amollit. *f*. ψω.
Θρύ ον, le jonc.—* Θρώσκ ω, saillit. *f*. θοροῦμαι.
Θυγά τηρ, fille ; une servante *. *g*. τρός, ἡ.
Θύελλ α, tempête, tourmente. ης, ἡ.
Θύλακ ος, sac.—Θυμ ός, cœur, sens. οῦ, ὁ.
Θυμι ᾶν, parfume d'encens. άειν, *f*. άσω.
Θύρ α, porte, entrée, ouverture. ας, ἡ.
Θύσαν ος, frange, une bordure. ου, ὁ.

Π′ = LXXX = 80.

Θύ ειν, immoler ; se ruer. *f*. σω.
Θυσί α, victime à tuer. ας, ἡ.
* Θω ή, peine, amende ; dommage. ῆς, ἡ.
Θωμ ός, tas de blé, de fourrage. οῦ, ὁ.
Θωμ ίζω, de cordes lier. *f*. ίσω.
Θώ πτω, flatter, tromper, railler. *f*. ψω.
Θ ώψ, flatteur, d'âme fausse et basse. ωπος, ὁ *et adj*.
Θώρ αξ, buste du corps ; cuirasse. ακος, ὁ.
Θωρακίτ ης, un cuirassier. ου, ὁ.
* Θωΰ σσω, tempêter, crier, *f*. ξω.

Πα′ = LXXXI = 81.

Ι′ (ἰῶτα), *chiffre* dix *s'explique.* ι′ = 10. ‚ι = 10,000.
* Ἰά, voix, cri, *mot poétique.* ᾶς, ἡ.
* Ἰάλλ ω, jette, frappe, étend. αλῶ.
Ἴαμϐ ος, l'IAMBE mordant. *g.* ου, ὁ.
* Ἰά πτω, blesse, assaillit, lance. *f.* ψω.
Ἰᾶσθαι, guérit, traite, panse. ἰάσομαι.
* Ἰαύ ω, séjourner; dormir. σω.
Ἰάχ ω, crier, retentir. ἰαχήσω.
Ἴδι ος, propre *ou* domestique. α, ον.
* Ἰδν όω, courbe *et* rend oblique. *f.* ώσω.

Πϐ′ = LXXXII = 82.

Ἴδ ος, ἱδρ ώς, sueur; labeur. εος, τό; ῶτος, ὁ.
Ἱδρύ ω, pose, est fondateur. *f.* σω.
Ἱέρ αξ, tout oiseau de proie. ακος, ὁ.
Ἱερ ός, saint.—Ἵημι, j'envoie. ά, όν.
Ἵζ ω, fait asseoir, est assis. *f.* ἱζήσω.
Ἰθ ύς, droit, juste, au but précis. εῖα, ύ.
Ἱκαν ός, suffisant, capable. ή, όν.
Ἱκέτ ης, suppliant, coupable. ου, ό.
Ἰκμ άς, humidité, vapeur. άδος, ἡ.
Ἱκν εῖσθαι, va, vient agresseur. *f.* ἵξομαι.

Πγ′ = LXXXIII = 83.

Ἰκτ ίς, fouine.—Ἴκτερ ος, jaunisse. ίδος, ἡ.—ου, ὁ.
Ἱλά σκομαι, se rend propice. *f.* άσομαι.
Ἴλλω, rouler les yeux; lier. *f. inus.*
Ἰλ ύς, LIE ou limon; bourbier. ύος, ἡ.
Ἱμ άς, courroie.—* Ἱμ ᾷν, eau tire. άντος, ὁ.—*f.* ήσω.
Ἱμείρ ω, souhaite, désire. *sans f.*
Ἰξ ός, glue.—Ἰν έω, purger. οῦ, ὁ.—*f.* ήσω.
Ἰονθ ός, duvet, poil léger. οῦ, ὁ.
* Ἴ ος, seul.—Ἴ ον, violette. α, ον.—ου, τό.
Ἰ ός, venin; trait, dard, sagette. οῦ, ὁ.

Πδ′ = LXXXIV = 84.

Ἵππ ος (ὁ), cheval ; (ἡ), jument.	*g.* ου.
Ἵπτ αμαι, vole, les airs fend.	*f.* πτήσομαι.
* Ἴπτ ομαι, fait tort, gâte *ou* blesse.	*f.* ἴψομαι.
Ἶρ ις, flambe ; arc-en-ciel ; déesse.	ιδος-ιος, ἡ.
Ἴς, fibre, nerf, force, vigueur.	ἰνός, ἡ.
Ἴση μι, sait, est connaisseur.	*sans f.*
Ἰσθμ ός, gorge, ISTHME, étroit passage.	οῦ, ὁ.
Ἴσ ος, égal, pair, de même âge.	η, ον.
Ἵστ ημι, met, dresse, établit.	*f.* στήσω.
Ἰστ ός, mât.—Ἵστ ωρ, instruit.	οῦ, ὁ.—ορος, ὁ.

Πε′ = LXXXV = 85.

† Ἴσχ ις, hanche, os de l'emboîture.	εως, ἡ.
Ἰσχν ός, maigre, sec, sans charnure.	ή, όν.
Ἰσχ ύς, force.—Ἰσχυρός, puissant.	ύος, ἡ.—ά, όν.
Ἰτέ α, saule, osier pliant.	ας, ἡ.
Ἴτ ης, hardi, plein d'insolence.	ου, ὁ.
Ἴτ υς, rond, tour, circonférence.	υος, ἡ.
Ἶφι, fortement, tout de bon.	*adv.*
Ἰχθ ύς, poisson ; halle au poisson.	ύος, ὁ.
Ἴχν ος, trace du pied, la plante.	εος, τό.
Ἰχ ώρ, sang limpide ; eau sanglante.	ῶρος, ὁ.

Πϛ′ = LXXXVI = 86.

Κάππα, vingt *en chiffres liras.*	κ′ = 20. ͵κ = 20,000.
Καγχά ζω, je ris aux éclats.	*f.* σω.
Κάδ ος, baril, cruche, urne, amphore.	ου, ὁ.
* Κάγκαν ος, sec.—† Κάζ ω, décore.	η, ον.—*f. inus.*
Καθ αίρω, je rends pur, net, beau.	αρῶ.
Καίνω, tuer.—Καιν ός, nouveau.	*f.* κανῶ.—ή, όν
Καιρ ός, temps, occasion sûre.	οῦ, ὁ.
Κα ίω, brûle.—Καῦμ α, brûlure.	*f.* καύσω.—ατος, τό.
Κακ ός, méchant ; vil, bas ; poltron.	ή, όν.
Κάκτ ος, artichaut *ou* chardon.	ου, ὁ.

Πζ′ = LXXXVII = 87.

Κάλαθ ος, panier *ou* corbeille. ου, ὁ.
Κάλαμ ος, CHAUME, herbe pareille. ου, ὁ.
Καλ εῖν, appelle, implore, dit. έω, *f.* έσω.
Κᾶλ ον, bois sec.—Καλι ά, nid. ου, τό.—ᾶς, ἡ.
Καλ ός, beau, bon, noble, honorable. ή, όν.
Καλύ πτω, couvre.—Κάλ ως, câble. ψω.—ω *et* ωος, ὁ.
Κάλ υξ, CALICE *ou* fleur, bouton. υκος.
Κάμ αξ, perche, échalas, bâton. ακος, ἡ.
Κάμηλ ος, CHAMEAU; gros cordage. ου, ὁ, ἡ.
Κάμιν ος, four *à tout usage**. ου, ὁ, ἡ.

Πη′ = LXXXVIII = 88.

Κά μνω, peine, est las, abattu. *f.* καμοῦμαι.
Κάμ πτω, fait courber, rend tortu. κάμψω.
Κάν ης, corbeille.—Κάνθ ων, âne. ητος, ἡ.—ωνος, ὁ.
Κάνναβ ις, chanvre.—Κάνν α, CANNE. εως, ἡ.—ης, ἡ.
Καν ών, règle; CANON, décret. όνος, ὁ.
Κάπηλ ος, qui tient cabaret. ου, ὁ.
Καπν ός, fumée, eau qui s'exhale. οῦ, ὁ.
Κάπρ ος, *aper*, sanglier[1]; porc mâle*. ου, ὁ.
Κάπ τειν, mange, avale en glouton. *f.* κάψω.
Κάρδαμ ον, des jardins cresson. ου, τό.

Πθ′ = LXXXIX = 89.

Καρδί α, cœur, courage *exprime*. ας, ἡ.
* Κάρ η, κάρην ον, tête, cime. *g.* ατος, ητος, τό; ου, τό.
Καρκ αίρω, vibre un son fort, clair. *f.* αρῶ.
Καρκῖν ος, crabe; *affreux* cancer. ου, ὁ.
Κάρ ον, CARVI.—Κάρ ος, lourd somme. ου, τό.—ου, ὁ.
Καρπ ός, tout fruit (grains, poire *ou* pomme). οῦ, ὁ.
† Κάρσι ος, de biais, de guingois. α, ον.
Κάρ φω, rend sec.—Κάρυ ον, noix. *f.* ψω.—ου, τό.
Καρχήσι ον, hune *ou* long verre. ου, τό.
Κασ ᾶς, gros tapis.—Κάσ ις, frère. οῦ, ὁ.—ιος, ὁ, *qqf.* ἡ.

1. Sanglier, *ordinairement* trois syllabes, *anciennement* deux.

ϟ' = XC = 90.

Κασσύ ω, ravaude, recoud. *f.* σω.
Καυλ ός, pousse d'asperge ; un chou. οῦ, ὁ.
Καυχ άομαι, se glorifie. *f.* ήσομαι.
Κέαρ, κῆρ, CŒUR, courage, vie. *g.* κέατος, τό.
Κέγχρ ος, millet, graine ; un brillant. ου, ὁ.
Κεῖ μαι, gît, est posé, s'étend. *f.* σομαι.
Κείρ ω, tond.—Κέρμ α, rognure. κερῶ.—ατος, τό.
Κέλαδ ος, bruit, clameur ; murmure. ου, ὁ.
Κελαρ ύζω, coule *et* bruit fait. *f.* ύσω *et* ύξω.
* Κέλευθ ος, chemin *ou* trajet. ου, ἡ, *pl.* οἱ *ou* τά.

ϟα' = XCI = 91.

Κέλ ης, coursier ; barque légère. ητος, ὁ.
* Κέλλειν, court ; aborde, prend terre. *f.* κέλσω.
* Κέλ ομαι, donne ordre, prescrit. *f.* ήσομαι.
Κεν ός, vide *ou* vain, sans esprit. ή, όν.
Κεμ άς, faon.—Κεντ έω, je pique. άδος, ἡ.—*f.* ήσω.
Κέραμ ος, terre à potier ; brique. ου, ὁ.
Κεράνν υμι, mêle, adoucit. *f.* άσω.
Κέρ ας, corne, arc.—Κέρδ ος, profit. ατος, τό.—τό.
Κεραυν ός, foudre ; éclair ; tonnerre. οῦ, ὁ.
Κερκ ίς, navette, une cuillère. ίδος, ἡ.

ϟβ' = XCII = 92.

Κέρκ ος, queue *et* * Κεύ θω, cacher. ου, ἡ.—*f.* σω.
* Κεί ω, fend ; veut s'aller coucher. *sans f.*
Κεφαλ ή, tête ; homme ; importance. ῆς, ἡ.
Κῆδ ος, soin, deuil ; mal ; alliance. εος, τό.
Κηλ εῖν, charme, attire, est trompeur. έω, *f.* ήσω.
Κηλ ίς, tache.—Κήλ η, tumeur. ίδος, ἡ.—ης, ἡ.
Κῆπ ος, jardin.—Κημ ός, frein, bride. ου, ὁ.—οῦ, ὁ.
Κήρ, sort, destin ; mort ; Parque *avide*. κηρός, ἡ
Κηρ ός, CIRE.—Κήρ υξ, héraut. οῦ, ὁ.—υκος, ὁ.
Κῆτ ος, baleine, cachalot. εος, τό.

ϟγ′ = XCIII = 93.

Κηφ ήν, bourdon ; vieillard qui gronde.	ῆνος, ὁ.
Κίβδηλ ος, faux ; non pur, immonde.	ος, ον.
Κιβω τός, BOÎTE, arche, coffret.	οῦ, ἡ.
Κίδαρ ις, mitre, haut bonnet.	εως, ἡ.
Κιθάρ α, la harpe *ou* GUITARE.	ας, ἡ.
Κιλλ ός, âne. — Κίμβ ιξ, avare.	οῦ, ὁ. — ικος, ὁ.
Κίκινν ος, boucles de cheveux.	ου, ὁ.
Κίκ υς, force ; homme actif, nerveux.	υος, ἡ.
Κινάβρ α, puanteur intense.	ας, ἡ.
Κίνδυν ος, danger, pire chance.	ου, ὁ.

ϟδ′ = XCIV = 94.

Κιν έω, mouvoir, agiter.	*f.* ήσω.
Κινύρ ομαι, se lamenter.	οῦμαι.
Κίρκ ος, cercle, CIRQUE *ou* carrière.	ου, ὁ.
Κιῤῥ ός, roux, jaune. — Κισσ ός, lierre.	ᾶ, όν. — οῦ, ὁ.
Κίς, ver. — Κίσσ α, pie *et* dégoût.	ιός, ὁ. — ης, ἡ.
Κιχ άνω, trouve ; vient à bout.	*f.* ήσομαι.
Κίχλ η, grive. — Κίων, colonne.	ης, ἡ. — ονος, ὁ.
Κλάδ ος, rameau. — * Κλά ζω, résonne.	ου, ὁ. — *f.* κλάγξω.
Κλαγ γή, *clangor*, cor, son perçant.	*g.* ῆς, ἡ.
Κλαί ω, je pleure en gémissant.	*f.* κλαύσω.

ϟε′ = XCV = 95.

Κλά ω, brise, rompt. — Κλέ ος, gloire.	*f.* σω. — *g.* ους, τό.
Κλεί ω, rend fameux dans l'histoire.	*f.* σω.
Κλείς, CLÉ. — Κλέ πτω, voler, piller.	*g.* ιδός, ἡ. — *f.* ψω.
Κλῆμ α, sarment, pampre ; soulier.	*g.* ατος, τό.
Κλῆρ ος, sort, partage ; héritage.	ου, ὁ.
Κλίβαν ος, four, four de ménage.	ου, ὁ.
Κλίμ αξ, degrés. — Κλόν ος, grand bruit.	ακος, ἡ. — ου, ὁ.
Κλί νειν, INCLINER. — Κλίν η, lit.	*f.* νῶ. — ης, ἡ.
Κλύ ζω, baigne ; lave (CLYSTÈRE).	*f.* σω.
Κλύ ειν, entend ; fait bruit sur terre.	*f.* σομαι.

ϟϛ' = XCVI = 96.

Κλώ θω, filer.—Κλών, rejeton. *f.* σω.—ωνός, ὁ.
Κνά πτω, carder.—Κναφ εύς, foulon. *f.* ψω.—έως, ὁ.
Κνά ω, gratte, racle; stimule. κνήσω.
* Κνέφ ας, ténèbres, crépuscule. φατος, τό.
Κνήμ η, jambe.—Κνιπ ός, crasseux. ης, ἡ.—ή, όν.
Κνίσσ α, fumet des mets des dieux. ης, ἡ.
* Κνώσσω, dort, sommeille, repose. *sans f.*
Κόβαλ ος, faux, qui flatte, impose. ου, ὁ.
Κόγχ η, *concha*, trompe à Triton. ης, ἡ.
Κοῖλ ος, concave, creux, profond. η, ον.

ϟζ' = XCVII = 97.

Κοιμ ᾷν, couche, apaise *ou* fait taire. *f.* ήσω.
Κοιν ός, commun, public, vulgaire. ή, όν.
Κοίραν ος, chef, roi, souverain. ου, ὁ.
Κοίτ η, lit.—Κόκκ ος, baie *ou* grain. ης, ἡ.—ου, ὁ.
Κολά ζω, punit le coupable. *f.* σω.
Κόλα ξ, flatteur, ami de table. *g.* κος.
Κολά πτω, frappe ; entaille ; bat. *f.* άψω.
Κολετρ ᾷν, foule aux pieds, abat. ήσω.
Κόλλ α, COLLE ; soudure ; cire. ης, ἡ.
* Κολλύρι ον, onguent, COLLYRE. ου, τό.

ϟη' = XCVIII = 98.

Κολε ός, fourreau, gaîne, étui. οῦ, ὁ.
Κολοι ός, geai.—Κολω ός, bruit. οῦ, ὁ.—οῦ, ὁ.
Κόλ ον, mets.—* Εὔκολ ος, facile. ου, τό.—ος, ον.
Κολού ω, tronque, abat, mutile. *f.* σω.
Κολοσσ ός, COLOSSE, géant. οῦ, ὁ.
Κολοφ ών, faîte, achèvement. ῶνος, ὁ.
Κόλπ ος, sein ; pli.—Κολυμβ ᾷν, nage. ου, ὁ.—*f.* ήσω.
Κολων ός, tertre ; haute plage. οῦ, ὁ.
Κόμβ ος, bourse, houppe, des nœuds. ου, ὁ.
Κομ εῖν, nourrit, orne, est soigneux. *f. inus.*

Ϟθ′ = XCIX = 99.

Κόμ η, crinière, chevelure. ης, ἡ.
Κομμ ός, fard ; soin de la parure. οῦ, ὁ.
Κόμπ ος, bruit d'un choc ; discours vain. ου, ὁ.
Κομψ ός, élégant, joli ; fin. ή, όν.
* Κόναβ ος, son, grand bruit, murmure. ου, ὁ.
Κόνδυλ ος, poing ; des doigts jointure. ου, ὁ.
Κον εῖν, court, sert, lestement fait. *f. inus.*
Κοντ ός, pieu, croc d'un batelet. οῦ, ὁ.
Κόν ις, poussière, cendre *ou* * lente. εως, ἡ. * ιδος, ἡ.
Κόπρ ος, fumier, engrais *ou* fiente. ου, ὁ.

Ρ′ = C = 100.

Κόπ τω, heurter ; COUPER ; lasser. *f.* ψω.
Κόρ αξ, corbeau, *d'où* CROASSER. αχος, ὁ.
Κορέννυμι, je rassasie. *f.* κορέσω.
Κορ έω, balaye, approprie. *f.* ήσω.
Κόρ η, vierge.—* Κόρθ υς, monceau. ης, ἡ.—υος, ὁ.
Κόρυζ α, rhume de cerveau. ης, ἡ.
Κόρυμβ ος, touffe, grappe ; faîte. ου, ὁ.
Κόρ υς, casque ; *anciennement*, tête. υθος, ἡ.
Κορύν η, massue *ou* bouquet. ης, ἡ.
Κορυφ ή, tête ; fin ; sommet. ῆς, ἡ.

Ρα′ = CI = 101.

Κορώ νη, corneille *enrouée*. ης, ἡ.
Κόσκιν ον, crible, à peau trouée. ου, τό.
Κόσμ ος, ordre, monde ; ornement. ου, ὁ.
Κότιν ος, olivier non franc. ου, ὁ, ἡ.
* Κότ ος, la rancune vivace. ου, ὁ.
Κοτύλ η, cavité ; bol, tasse. ης, ἡ.
Κοῦφ ος, léger, frivole, vain. η, ον.
Κόφιν ος, panier, mannequin. ου, ὁ.
Κόχλ ος, limaçon ; coquillage. ου, ὁ.
Κόχλ αξ, gros gravier du rivage. αχος, ὁ.

Ρβ' = CII = 102.

Κράδ η, croc ; rameau du figuier. ης, ἡ.
Κρά ζω, croasser *ou* crier. *f.* ξω
Κραίν ω, règne ; achève, complète. *f.* κρανῶ
Κραιπάλ η, vie à la guinguette. *g.* ης, ἡ.
* Κραιπν ός, prompt, vite, et comme ailé. ή, όν.
Κράμβ η, chou.—Κράμβ ος, sec, brûlé. ης, ἡ.—η, ον.
Κράτ ος, force.—Κρέας, chair, viande. εος, τό.—ατος, τό.
* Κρεί ων, roi, maître, qui commande. οντος, ὁ.
Κρέ κω, touche et joue instruments. *f.* ξω.
Κρεμ ᾷν, suspend, tient en suspens. άω, *f.* άσω.

Ργ' = CIII = 103.

Κρέμβαλ ον, hochet ; castagnettes. ου, τό.
Κρήδεμν ον, voile, bandelettes. ου, τό.
Κρημν ός, précipices, lieux hauts. οῦ, ὁ.
Κρήν η, fontaine, source d'eaux. ης, ἡ.
Κρηπ ίς, base.—Κρί ζω, criaille. ίδος, ἡ.—*f.* κεκρίξομαι.
Κριθ ή, l'orge ; un grain (*poids, semaille*). ῆς, ἡ.
Κρησέρ α, bluteau, sas, tamis. ας, ἡ.
Κρίμν ον, du son.—Κρίν ον, le lis. ου, τό.—ου, τό.
Κρί νω, juge, choisit *ou* pense. *f.* νῶ.
Κρίσ ις, choix ; jugement, sentence. εως, ἡ.

Ρδ' = CIV = 104.

Κρι ός, bélier ; signe au bélier. *g.* οῦ, ὁ.
Κρόκ η, trame ; grève *ou* gravier. ης, ἡ.
Κρόκ ος, safran ; d'un œuf le jaune. ου, ὁ ; *qfois.*
Κρόν ος, le Temps ; qui déraisonne. ου, ὁ.
Κροσσ ός, bord, frange d'un habit. οῦ, ὁ.
Κρόταφ ος, tempe.—Κρότ ος, bruit. ου, ὁ.—ου, ὁ.
Κρουν ός, source d'eau jaillissante. οῦ, ὁ.
Κρού ω, touche, bat, son enfante. *f.* σω.
Κρύ ος, glace, froid à geler. εος, τό.
Κρύ πτω, cacher, couvrir, céler. *f.* ψω.

Ρε′ = CV = 105.

Κρύσταλλ ος, CRISTAL, verre; glace. ου, ἡ; ὁ.
Κρωσσ ός, un seau.—Κρά ζω, croasse. οῦ, ὁ.—*f.* ξω.
Κτᾶσθ αι, acquérir, conquérir. *f.* κτήσομαι.
Κτε ίνω, tuer, faire mourir. *f.* κτενῶ.
Κτ είς, peigne; objet à dentelure. ενός, ὁ.
Κτέρε α, convoi, sépulture. ων, τά *plur.*
Κτῆν ος, bétail; âne *ou* mulet. εος-ους, τό.
Κύαθ ος, tasse *ou* gobelet. ου, ὁ.
Κτίζ ω, fonde, bâtit, élève. *f.* κτίσω.
Κτίλ ος, mouton.—Κύαμ ος, fève. ου, ὁ.—ου, ὁ.

Ρς′ = CVI = 106.

Κύαν ος, azur, bleu; barbeau. ου, ὁ.
Κυβερν ᾷν, GOUVERNE un vaisseau. *f.* ήσω.
Κύβηλ ις, hache, besaiguë. ιος, ἡ.
Κυβιστ ᾷν, culbutant se rue. *f.* ήσω.
Κύβος, dé, jeu; CUBE; os des reins. ου, ὁ.
* Κυδοιμ ός, tumulte; mots vains. οῦ, ὁ.
Κῦδ ος, gloire, honneur.—Κύδ ος, blâme. εος, τό.
Κυκ ᾷν, trouble, mêle, amalgame. *f.* ήσω.
Κύκλ ος, cercle, circuit, contour. ου, ὁ.
Κυλ ίω, roule, enroule autour. *f.* ίσω.

Ρζ′ = CVII = 107.

Κυλλ ός, boiteux.—Κῦμ α, flot, lames. ή, όν.—ατος, τό.
Κύμβ η, vase creux; barque à rames. ης, ἡ.
Κύπ η, canot; cavité, creux. ης, ἡ.
Κύπτω, baisse le corps, les yeux. *f.* κύψω.
Κῦρ ος, l'autorité, l'empire. εος, τό.
* Κύρι ος, maître, seigneur, sire. ου, ὁ.
Κυρτ ός, courbé, bossu, bombant. ή, όν.
Κύρ ω, rencontre; obtient; surprend. *f.* σω, ήσω.
Κύστ ις, vessie *ou* vésicule. εως, ἡ.
Κύτ ος, cavité; ventricule. εος, τό.

Ρη′ = CVIII = 108.

Κυψέλ η, ruche ; cérumen.	ης, ἡ.
Κύ ω, conçoit, porte en son sein.	*f.* σω.
Κύ ων, chien, CYNIQUE ; boulette.	*g.* κυνός, ὁ, ἡ.
Κώδ ων, trompe *ou* bavard ; clochette.	ωνος, ὁ.
Κώθ ων, coupe, excès de buveurs.	ωνος, ὁ.
Κωκ ύω, lamente, est en pleurs.	*f.* ύσω.
Κῶλ ον, membre ; intestin *s'explique*.	ου, τό.
* **Κωλικ** ός, sujet à COLIQUE.	ή, όν.
Κωλ ύειν, empêche, défend.	*f.* ύσω.
Κωλώτ ης, lézard gris-noir-blanc.	ου, ὁ.

Ρθ′ = CIX = 109.

Κῶμ α, sommeil lourd, léthargie.	*g.* ατος, τό.
Κῶμ ος, festin, débauche, orgie.	ου, ὁ.
Κώμ η, bourg, quartier *ou* chemin.	ης, ἡ.
Κῶν ος, CÔNE, pomme de pin.	ου, ὁ.
Κών ωψ, cousin, *d'où* CONOPÉE.	ωπος, ὁ, ἡ.
Κώπ η, rame ; garde d'épée.	ης, ἡ.
Κώρυκ ος, sac de cuir ; ballon.	ου, ὁ.
Κῶς, peau de brebis *ou* toison.	κώεος, τό.
Κωτ ίλλω, babille, cajole.	*f.* ιλῶ.
Κωφ ός, sourd, muet ; sot, frivole.	ή, όν.

Ρι′ = CX = 110.

Λ′, 30.—**Λᾶ** ας, pierre *on rend.* λ′=30. ͵λ=30,000.	*g.*ος, ὁ.
Λάϐρ ος, fort, violent ; gourmand.	α, ον.
Λάγηv ος, pot, bouteille antique.	ου, ἡ.
Λάγν ης, λάγν ρς, lascif, lubrique.	ου, ὁ ; η, ον.
Λαγχάνω, tire au sort, obtient.	*f.* λήξομαι.
Λάχεσ ις, λῆξ ις, lot *en vient.*	εως, ἡ ; εως, ἡ.
Λαγ ών, flanc.—**Λαγαρ** ός, mou, vide.	όνος, ἡ.—ά, όν.
Λαγώ ς, le lièvre ; homme timide.	ώ, ὁ.
* **Λάζ** ομαι, reçoit, saisit, prend.	*f.* λάξομαι.
Λαίλ αψ, un tourbillon, grand vent.	απος, ἡ.

Ρια′ = CXI = 111.

Λαιμ ός, gosier ; faim sans mesure. οῦ, ὁ.
Λαι ός, gauche, de triste augure. ά, όν.
Λαῖφ ος, loque, habit vieux, léger. εος-ους, τό.
Λάκκ ος, puits, puisard ; LAC ; danger. ου, ὁ.
Λαλ εῖν, babiller, jaser, dire. *f.* ήσω.
Λαμβάνω, prend, reçoit ; s'attire. λήψομαι.
Λάμ ος, trou.—**Λαμυρ** ός, glouton. ου, ὁ.—ά, όν.
Λάμπ ω, luit, brille, a du renom. ψω.
Λάξ, du talon.—**Λακτ** ίζω, rue. *adv.*—*f.* ίσω.
Λα ός, peuple ; foule, cohue. οῦ, ὁ.

Ριβ′ = CXII = 112.

Λαπ ίζω, parle insolemment. *f.* ίσω.
Λά πτω, boit, LAPE avidement. ψω.
Λαπ άζω, vide, amollit ; pille. άξω.
* **Λαριν** ός, gras ; luisant, qui brille. ή, όν.
Λάρν αξ, coffre.—**Λαρ** ός, doux, mou. ακος, ἡ.—ά, όν.
Λάρ υγξ, LARYNX, gosier, le cou. υγγος, ὁ.
* **Λάσθ** η, l'insulte, moquerie. ης, ἡ.
Λάσ ιος, velu.—**Λά** σκειν, crie. α, ον.—*f.* λακήσω.
Λάτρ ις, servante *ou* serviteur. ιος, ἡ, ὁ.
Λατρ εύειν, être adorateur. *f.* εύσω.

Ριγ′ = CXIII = 113.

† **Λαῦρ** ος, grand, large.—**Λαύρ** α, place. α, ον.—ας, ἡ.
Λαφύ σσω, tout mange ; est vorace. *f.* ξω.
* **Λαχ** αίνω, je creuse, fouis. ανῶ.
Λάχν η, duvet, coton des fruits. ης, ἡ.
* **Λά** ω, voit, jouit ; veut, préfère. *sans f.*
Λέβ ης, bassine, urne, chaudière. ητος, ὁ.
Λέ γω, dit, parle, enjoint ; choisit. *f.* ξω.
Λεί α, butin, ce qu'on ravit. ας, ἡ.
Λεί βειν, verse, épand ; liquéfie. *f.* ψω.
Λειμ ών, prée *ou* jardin, prairie. ῶνος, ὁ.

Ριδ' = CXIV = 114.

Λεῖ ος, lisse, uni ; sans cheveux. α, ον.
Λεί πω, laisse ; est défectueux. *f.* ψω.
Λεί χω, LÈCHE.—Λιχμ άς, léchée. ξω.—άδος, ἡ.
Λέκιθ ος, jaune d'œuf ; purée. ου, ἡ ; ὁ.
Λέμϐ ος, chaloupe *ou* brigantin. ου, ὁ.
Λεπρ ός, LÉPREUX, rude à la main. ά, όν.
Λεπτ ός, mince, délié, grêle. ή, όν.
Λέπ ειν, écorce, écale, PÈLE. *f.* ψω.
Λέσχ η, causerie, entretien. ης, ἡ.
—Ἀδόλεσχ ος, parlant pour rien. ος, ον.

Ριε' = CXV = 115.

Λευκ ός, blanc.—Λέχρι ος, oblique. ή, όν.—α, ον.
* Λεύ σσω, voit, brille (*est poétique*). *f.* σω.
Λέ ων, LION.—Λῆδ ος, haillon. οντος, ὁ.—εος, τό.
Λή γω, cesse, est sans action. *f.* ξω.
* Λή θειν, est caché, cèle, oublie. λήσω.
* Λήϊ ον, moisson non mûrie. ου, τό.
* Ληκ εῖν, craque, fait bruit, rend son. *f.* ήσω.
Λήκυθ ος, burette, flacon. ου, ἡ.
* Λῆμ α, ferme esprit, énergie. ατος, τό.
Λήμ η, l'humeur des yeux, chassie. ης, ἡ.

Ριϛ' = CXVI = 116.

Λημνίσκ ος, rubans empourprés. ου, ὁ.
Λην ός, pressoir ; creux dans les prés. οῦ, ὁ.
Λῆρ ος, frivolité, sottise. ου, ὁ.
* Λιά ζω, court, brouille, divise. *f.* σω.
Λίαν, trop.—Λίϐαν ος, l'encens. *adv.*—ου, ὁ.
Λίζω, rend des sons clairs, perçants. *f.* λίγξω.
Λίγδην, à fleur.—Λιγν ύς, la suie. *adv.*—ύος, ἡ.
Λίθ ος, pierre ; joaillerie. ου, ἡ.
Λιμ ήν, port.—Λικμ ός, crible, van. ένος, ὁ.—οῦ, ὁ.
Λίμν η, marais ; lac, grand étang. ης, ἡ.

Ριζ′ = CXVII = 117.

Λιμ ός, faim, famine; disette. οῦ, ὁ, ἡ.
Λίν ον, lin *ou* fil.—* Λῖς, serviette. ου, τό.—τός, ὁ.
Λίπ ος, graisse *et* * λιπαρ ός, gras. εος, τό.—ά, όν.
Λί πτω, désire.—Λίσπ ος, ras. *f.* ψω.—η, ον.
* Λῖρ ος, sans frein.—Λίσσο μαι, prie. α, ον.—*f.* λίσομαι.
Λισσ ός, LISSE, à surface unie. ή, όν.
Λιτ ός, simple, uni.—Λίτρ α, poids. ή, όν.—ας, ἡ.
Λιχαν ός, l'*index*, l'un des doigts. οῦ, ὁ.
Λοϐ ός, bout d'oreille; oreillette. οῦ, ὁ.
* Λοιγ ός, désastre; mort; défaite. οῦ, ὁ.

Ριη′ = CXVIII. = 118.

Λοίδορ ος, médisant, grossier. ος, ον.
Λοιμ ός, peste.—Λοῖσθ ος, dernier. οῦ, ὁ.—ος, ον.
Λόγχ η, lance.—Λοξ ός, oblique. ης, ἡ.—ή, όν.
Λορδ ός, courbé; balourd; bourrique. ή, όν.
Λού ω, baigner.—* Λουτρ ά, des bains. *f.* σω.—οῦ, τό.
Λόφ ος, cou, huppe, crête *ou* crins. ου, ὁ.
Λόχ ος, embûche, troupe en guerre. ου, ὁ.
Λύ γη, ténèbres.—Λύγδ ος, pierre. ης, ἡ.—ου, ὁ.
Λυγρ ός, fâcheux.—Λύγ ος, osier. ά, όν.—ου, ἡ.
Λύ ζω, sanglotter *et* crier. *f.* ξω.

Ριθ′ = CXIX = 119.

Λύθρ ον, sang mêlé de poussière. ου, τό.
Λύκ η, lueur crépusculaire. ης, ἡ.
Λύκ ος, loup.—Λύμ η, grand malheur. ης, ἡ.
Λύπ η, chagrin, peine, douleur. ης, ἡ.
* Λυπρ ός, maigre, sec.—Λύρ α, LYRE. ά, όν.—ας, ἡ.
Λύσσ α, rage des chiens; délire. ης, ἡ.
Λύχν ος, lampe; flambeau qui luit. ου, ὁ.
Λύ ω, délie, ôte, affranchit. *f.* σω.
Λώϐ η, l'affront.—Λῶ, veut, désire. ης, ἡ.
Λωφ ᾶν, se repose *et* respire. άω, *f.* ήσω.

Ρκ' = CXX = 120.

Μ', 40.—Μά, non vraiment. μ'=40. ‚μ=40,000—*adv. n.*
Μάγγαν ον, charme, enchantement. ου, τό.
Μάγειρ ος, qui fait la cuisine. ου, ὁ.
Μάγ ος, un MAGE, *ou* qui fascine. ου, ὁ.
Μάγν ης, l'aimant *ferrugineux*. ητος, ὁ.
Μᾶζ α, pain.—Μαδ ός, sans cheveux. ης, ἡ.—ή, όν.
Μαζ ός, mamelle *nourricière*. οῦ, ὁ.
Μαῖ α, sage-femme *ou* grand'mère. ας, ἡ.
Μαίν ομαι, se mettre en fureur. *f.* μανήσομαι.
* Μαί ομαι, cherche avec ardeur. *f. inus.*

Ρκα' = CXXI = 121.

Μάκ αρ, heureux, dans l'abondance. αιρα, αρ.
Μακρ ός, long, grand, haut, d'importance. ά, όν.
Μάλα, fort.—Μαλά σσω, mollit. *adv.*—*f.* ξω.
Μάλκ η, torpeur, froid qui transit. ης, ἡ.
Μαλ ός, velu.—Μάλ η, l'aisselle. ή, όν.—ης, ἡ.
Μαλλ ός, toison épaisse et belle. οῦ, ὁ.
Μαμμᾶν, du pain.—Μανδάκ η, peau. *indecl.*—ης, ἡ.
Μάνδρ α, bercail, parc d'un troupeau. ας, ἡ.
Μανθάν ειν, étudie ; apprendre. *f.* μαθήσομαι.
Μαν ός, clair *et* mince ; mou, tendre. ή, όν.

Ρκβ' = CXXII = 122.

Μάντ ις, un devin ; qui prédit. εως, ὁ.
Μαραί νω, dessèche, flétrit. *f.* μαρανῶ.
Μάργ ος, à tête extravagante. ος *ou* η, ον.
Μαρίλ η, braise, cendre ardente. ης, ἡ.
Μαρμ αίρω, μαίρω, je reluis. *f.* αρῶ.
—Μάργαρ ον, la perle de prix. ου, τό.
* Μάρν αμαι, combat, rivalise. *sans f.*
* Μάρ πτω, prend.—Μάρσιπ ος, valise. *f.* μάρψω.—ου, ὁ.
Μάρτ υρ, un témoin ; un MARTYR. υρος, ὁ, ἡ.
Μασ ᾶσθαι, mâcher ; engloutir. *f.* ήσομαι.

Ρκγ' = CXXIII = 123.

Μά σσω, pétrit, palpe, manie.	*f.* ξω.
Μαστ εύω, cherche et veut, envie.	εύσω.
Μάστ ιξ, fouet ; châtiment ; fléau.	ος, ἡ.
Μασχάλ η, l'aisselle ; rameau.	ης, ἡ.
Μάτην, en vain, à la légère.	*adv.*
Μάχαιρ α, sabre, cimeterre.	ας, ἡ.
Μάχλ ος, lascif, incontinent.	ος, ον.
Μάχ ομαι, combat vivement.	*f.* ήσομαι.
Μάψ, vainement, perdant sa peine.	*adv.*
* **Μεγαίρ** ω, porte envie *ou* haine.	*f.* μεγαρῶ.

Ρκδ' = CXXIV = 124.

Μέγ ας, grand.—**Μέγεθ** ος, grandeur.	άλη, μέγα.—εος, τό.
* **Μέδ** ων, chef suprême, empereur.	οντος, ὁ.
Μέθ υ, vin doux.—**Μέθ** η, l'ivresse.	υος, τό.—ης, ἡ.
* **Μεῖδ** ος, doux sourire, allégresse.	εος, τό.
Μειλί σσειν, charme, est caressant.	*f.* ξω.
Μείρ αξ, jeune homme, adolescent.	ακος, ὁ, ἡ.
Μείρ ομαι, tient du sort ; partage.	*sans f.*
Μοῖρ α, part, destin ; apanage.	ας, ἡ.
Μεί ων, bien moindre, inférieur.	ων, ον.
Μέλ ας, noir.—**Μελασμ** ός, noirceur.	αινα, αν.—οῦ, ὁ.

Ρκε' = CXXV = 125.

Μέλδ ομαι, fond, se liquéfie.	*sans f.*
* **Μέλεθρ** ον, piége ; ce qui lie.	ου, τό.
* **Μέλε** ος, vain, sot, ahuri.	α, ον.
Μέλ ει (μοι), μέλ (ω), j'ai souci.	*f.* μελήσει, *impers.*
* **Μελετ** άω, médite ; veille.	ήσω.
Μέλ ι, MIEL. — **Μέλισσ** α, l'abeille.	ιτος, τό.—ης, ἡ.
Μελί α, frêne ; lance, dard.	ας, ἡ.
Μέλλ ω, doit faire, est en retard.	*f.* ήσω.
Μέλ ος, membre ; vers, chant lyrique.	εος, τό.
Μέλπ ω, chante en chœur, fait musique.	*f.* ψω.

Ρκϛ' = CXXVI = 126.

Μέμ φομαι, blâme fort, reprend. *f.* ψομαι.
Μέν, il est vrai.—**Μένδ** ης, bouc ; Pan. *adv.*—ου, ὁ.
Μέν ος, valeur ; fougue indomptable. εος-ους, τό.
Μέν ω, demeure ; attend ; est stable. *f.* μενῶ.
Μέριμν α, soin, peine d'esprit. ης, ἡ.
Μερμαίρ ω, pense, réfléchit. *sans f.*
Μέσ ος, au milieu, neutre, au centre. η, ον.
Μεστ ός, rempli, gros, à plein ventre. ή, όν.
Μετέωρ ος, haut dans les airs. ος, ον.
Μέτρ ον, mesure *ou* mètre *ou* vers. ου, τό.

Ρκζ' = CXXVII = 127.

Μῆδ ος, conseil, dessein, prudence. εος, τό.
Μήδ ομαι, médite, a soin, pense. *f.* μήσομαι.
Μηκ άομαι, fait bêlement. ήσομαι.
Μηκ άς, brebis, chèvre bêlant. άδος, ἡ.
Μήκ ων, pavot, suc bon au somme. ωνος, ἡ ; ὁ *rare.*
Μηλέ α, pommier.—**Μῆλ** ον, pomme. ας, ἡ.—ου, τό.
Μήλ η, sonde.—**Μήν**, or ; vraiment. ης, ἡ—*conjonct.*
Μήν, mois.—**Μήν** η, lune *au* croissant. μηνός, ὁ.—ης, ἡ.
Μῆν ις, courroux, haine envieillie. ιος, ἡ.
Μηνύ ειν, apprend ; notifie. *f.* σω.

Ρκη' = CXXVIII = 128.

Μήν ιγξ, membrane du cerveau. ιγγος, ἡ.
Μηρύ ω, j'enroule au fuseau. *f.* σω.
Μήτ ηρ, mère.—**Μηρ** ός, la cuisse. έρος-ρός, ἡ.—οῦ, ὁ.
* **Μῆτ** ις, conseil ; ruse, artifice. ιδος, ἡ.
Μηχαν ή, machine, art, complot. ῆς, ἡ.
—**Ἀμήχαν** ος, inepte, sot. (ὁ, ἡ), ον.
Μιαί νω, teint, fait tache, souille. *f.* μιανῶ.
Μίγνυμι, mêle, confond, brouille. *f.* μίξω.
Μικρ ός, petit, de peu de nom. ά, όν.
Μίλτ ος, minium, vermillon. ου, ἡ.

Ρκθ′ = CXXIX = 129.

Μιμ εῖσθαι, singer, contrefaire. *f.* ήσομαι.
Μισθ ός, prix *ou* loyer, salaire. οῦ, ὁ.
† Μινυ ός, *minor*, tout petit. ά, όν.
—Μινύθ ω, décroît, amoindrit. *f.* θήσω.
Μῖσ ος, la haine.—Μίσκ ος, miette. εος, τό.—ου, ὁ.
Μιστύλλω, hache, déchiquette. *f.* μιστυλῶ.
Μίτ ος, trame du tisserand. ου, ὁ.
Μίτρ α, MITRE ; bandeau, turban. ας, ἡ.
Μνᾶσθαι, se souvient, recommande. *f.* μνήσομαι.
—Μνηστ ήρ, prétendant, qui demande. ῆρος, ὁ.

Ρλ′ = CXXX = 130.

* Μόγ ος, travail, affliction. ου, ὁ.
Μόθ αξ, serf né dans la maison. ακος, ὁ.
* Μόθ ος, combat, travail, misère. ου, ὁ.
Μοιχ ός, impudique, adultère. οῦ, ὁ.
Μολγ ός, bougette, sac de cuir. οῦ, ὁ.
* Μολ εῖν, aller, venir, courir. *sans f.*
Μόλιϐδ ος, plomb ; lourd et stupide. ου, ὁ.
Μολοϐρ ός, parasite, avide. οῦ, ὁ.
Μολ ύνω, salir *ou* souiller. *f.* υνῶ.
Μόν ος, seul, désert ; singulier. η, ον.

Ρλα′ = CXXXI = 131.

Μορμ ύρω, fait doux bruit, MURMURE. *f.* υρῶ.
Μορμ ώ, spectre affreux.—Μόρ ον, MÛRE. όος.—οῦς, ἡ.
* Μορύ σσω, rend sale, infecté. *f.* ξω.
Μορφ ή, FORME, image, beauté. ῆς, ἡ.
Μόσσ υν, tour, hutte en bois bâtie. υνος, ὁ.
Μόσχ ος, veau ; MUSC.—Μότ ος, charpie. ου, ὁ, ἡ.—ου, ὁ.
Μοῦσ α, MUSE ; chanson ; des vers. ης, ἡ.
—Μουσικ ή, MUSIQUE, art des airs. ῆς, ἡ.
Μόχθ ος, travail ; misère ; peine. ου, ὁ.
* Μυδά ζομαι, sent forte haine. *f.* ξομαι.

Ρλϐ′ = CXXXII = 132.

Μυδ ᾶν, pourrit en moisissant. — *f.* ήσω.
Μύδρ ος, fer rouge, incandescent. — ου, ὁ.
Μυελ ός, la MOELLE ; cervelle. — οῦ, ὁ.
Μυέ ω, MYSTÈRES révèle. — *f.* ήσω.
Μύ ζω, suce ; grogne, gémit. — ξω.
Μῦθ ος, fable ; discours, récit. — ου, ὁ.
Μυῖ α, la mouche.—Μύκ ος, glaire. — ας, ἡ.—ου, ὁ.
Μυκ ᾶσθαι, MEUGLER, beugler ; braire. — *f.* ήσομαι.
Μύκ ης, champignon *ou* pommeau. — ου *et* ητος, ὁ.
Μυκτ ήρ, narine, nez, museau. — ῆρος, ὁ.

Ρλγ′ = CXXXIII = 133.

Μύλ η, MEULE, une dent molaire. — ης, ἡ.
Μυρίκ η, tamaris ; bruyère. — ης, ἡ.
* Μύν ομαι, s'excuse *ou* défend. — *f.* οῦμαι.
Μύξ α, MUCUS du nez coulant. — ης, ἡ.
Μυρί ος, sans nombre, dix mille. — α, ον.
Μύρ ον, baume.—* Μύ ρω, distille. — ου, τό.—*f.* ρῶ.
Μύρτ ος, MYRTE.—* Μύρμ οι, fourmis. — ου, ἡ.—*pl.* ων, οἱ.
Μῦς, MUSCLE *ou* moule *ou* rat, souris. — *g.* μυός, ὁ.
Μῦσ ος, horreur abominable. — εος, τό.
Μυσαρ ός, affreux, exécrable. — ά, όν.

Ρλδ′ = CXXXIV = 134.

Μύσσ ω, MOUCHE *ou* prend pour jouet. — *f.* μύξω.
Μυχ ός, fond, réduit, lieu secret. — οῦ, ὁ.
Μύ ω, se tait ; ferme un œil, cligne. — σω.
—Σκαρδαμύ σσω, des yeux fait signe. — *f.* ξω.
Μωκ ᾶν, railler.—Μῶκ ος, MOQUEUR. — ήσω.—ου, ὁ.
* Μῶλ ος, MOLE ; *ou* guerre, labeur. — ου, ὁ.
Μῶλ υς, sot, d'ignoble nature. — υς, υ.
Μώλ ωψ, des coups la flétrissure. — ωπος, ὁ.
Μῶμ ος, blâme, opprobre infamant. — ου, ὁ.
Μωρ ός, fou, sot, extravagant. — ά, όν.

Ρλε′ = CXXXV = 135.

N, cinquante.—*Ναίειν, réside. ν′=50. ͵ν=50,000—*s. f.*
* Νά ειν, couler.—Ναρ ός, limpide. *f.* νάσω.—ά, όν.
Νάκ ος, toison.—Νάν ος, un NAIN. εος, τό.—ου, ὁ.
Να ός, νεώς, temple, lieu saint. οῦ, ὁ; ώ, ὁ.
Νάπ ος, forêt, grand bois en pente. εος, τό.
Νάπ υ, la moutarde *piquante*. υος, τό.
Νάρθ ηξ, férule *et* châtiment. ηκος, ὁ.
Νάρκ η, torpille *engourdissant*. ης, ἡ.
Νά σσειν, foule ; aplanit, rabote. *f.* ξω.
Ναῦς, vaisseau, nef.—Ναυτικ όν, flotte. νεώς, ἡ.—οῦ, τό.

Ρλϛ′ = CXXXVI = 136.

Νεϐρ ός, un faon.—Νεκρ ός, un mort. οῦ, ὁ, ἡ.—ός, όν.
Νεῖκ ος, débat, brouille, discord. εος, τό.
Νεμεσ ᾶν, justement s'indigne. *f.* ήσω.
Νέμ ω, paît ; règle *ou* part assigne. *f.* νεμῶ.
Νομ εύς, pasteur, *ou* qui conduit. έως, ὁ.
Νένν ος, oncle ; fou, sans esprit. ου, ὁ.
Νέ ος, nouveau, frais, au jeune âge. α, ον.
Νεανίσκ ος, jouvenceau ; page. ου, ὁ.
Νεοσσ ός, poussin ; le petit. οῦ, ὁ.
Νεῦρ ον, NERF *ou* vigueur d'esprit. ου, τό.

Ρλζ′ = CXXXVII = 137.

Νεύ ω, penche, accorde, s'incline. *f.* σω.
Νέφ ος, nuage ; humeur chagrine. εος, τό.
Νεφρ ός, reins.—Νή, oui, je soutiens. οῦ, ὁ.—*adv. affirm.*
Νέ ω, je nage *ou* file *ou* viens. *f.* νεύσομαι.
Νήπ ιος, enfant, imbécile. ος *et* α, ον.
Νηδ ύς, ventre, sein.—Νῆσ ος, île. ύος, ἡ.—ου, ἡ.
Νῆστ ις, à jeun, qui n'a rien pris. εως, ὁ, ἡ.
Νίγλαρ ος, chant, doux gazouillis. ου, ὁ.
Νῆσσ α, canard.—Νή χομαι, nage. ης, ἡ.—*f.* ξομαι.
Νήφ ω, veille, est *ou* sobre, *ou* sage. *f.* νήψω.

Ρλη' = CXXXVIII = 138.

Νικ άω, vaincre, triompher. *f.* ήσω.
Νί πτω, les pieds *ou* mains laver. *f.* νιψω.
Νίφ ω, neiger, mouiller *exprime.* νίψω.
Νόθ ος, bâtard, illégitime. η *ou* ος, ον.
Νόμ ος, loi, coutume ; airs *ou* chants. ου, ὁ.
Νό ος, νοῦς, esprit, raison, sens. νόου *et* νοῦ, ὁ.
Νόσ ος, maladie *ou* dommage. ου, ἡ.
Νοστ εῖν, retourne ; part, voyage. έω.—*f.* ήσω.
Νόσφ ιν, sans, à part, de côté. *adv.*
Νοτ ίς, moiteur, humidité. ίδος, ἡ.

Ρλθ' = CXXXIX = 139.

Νότ ος, midi, vent chaud ; rosée. ου, ὁ.
Νύμφ η, bru, nouvelle épousée. ης, ἡ.
Νύ ξ, la nuit.—Νῦν, *nunc*, maintenant. κτός, ἡ.
Νύ σσω, pique, active, est piquant. *f.* ξω.
Νυ ός, femme du fils, du frère. οῦ, ἡ.
Νυστά ζω, dort ; tarde en affaire. *f.* σω *et* ξω.
Νώγαλ α, mets exquis, friand. *pl.* ων, τά.
Νωθ ής, tardif, stupide, lent. ής, ές.
* Νωλεμ ής, assidu, de suite. ής, ές.
Νῶτ ος, dos.—Νωτί ζω, prend fuite. ου, ὁ.—*f.* σω.

Ρμ' = CXL = 140.

Ξ. Soixante *doit figurer.* ξ' = 60, ͵ξ = 60,000.
Ξα ίνω, carder *ou* déchirer. *f.* ξανῶ.
Ξανθ ός, blond, fauve, roux, orange. ή, όν.
Ξέν ος, hôte ; étranger, étrange. *g.* ου, *ou* η, ον.
Ξέ ω, racle.—Ξεσμ ός, grattoir. σω.—οῦ, ὁ.
Ξύ ειν, polir.—Ξυρ ός, rasoir. ύσω.—οῦ, ὁ.
Ξηρ ός, sec ; qui fait maigre chère. ά, όν.
Ξίφ ος, dague, épée *ou* rapière. εος, τό.
Ξύλ ον, bois, bâton, cotonnier. ου, τό.
Ξυν ός, commun, non singulier. ή, όν.

Ρμα′ = CXLI = 141.

Ο′, 70.—* Ὄαρ, femme. ο′=70, ͵ο=70,000.—ὄαρος, ἡ.
Ὀβελ ός, broche ; onglet pour blâme. οῦ, ὁ.
Ὀβολ ός, OBOLE ; un denier. οῦ, ὁ.
Ὀγκ άομαι, braire *ou* crier. *f.* ήσομαι.
Ὄγκ ος, tumeur ; faste, avantage. ου, ὁ.
Ὁδ ός, route *ou* chemin ; voyage. οῦ, ἡ.
Ὀδύν η, douleur.—Ὀδ ούς, dent. ης, ἡ.—όντος, ὁ.
Ὀδύρ ομαι, crie en pleurant. *f.* οῦμαι.
Ὄζ ος, branche, nœud qui bourgeonne. ου, ὁ.
Ὄζ ω, sent fort, sent odeur bonne. *f.* ήσω *et* έσω.

Ρμϐ′ = CXLII = 142.

Οἴ, hélas ! cri d'affliction. *interj.*
Οἴ αξ, gouvernail *ou* timon. αχος, ὁ.
Οἴ γειν, ouvre, fait l'ouverture. *f.* οἴξω.
Οἰδ ᾶν, s'enfle.—Οἴδημ α, l'enflure. άω.—*f.* ήσω.
Ὀϊζ ύς, pleurs, triste accident. ύος, ἡ.
Οἶκ ος, maison, biens, bâtiment. ου, ὁ.
Οἶκτ ος, pitié, plainte.—Οἴμ η, rue. ου, ὁ.—ης, ἡ.
Οἰμ ᾶν (*d'*οἶμα, l'élan), se rue. *f.* ήσω.
Οἶν ος, VIN.—Οἰν ών, le cellier. ου, ὁ.—ῶνος, ὁ.
Οἶς (ἡ), brebis ; *rar.* (ὁ), bélier. *g.* οἰός.

Ρμγ′ = CXLIII = 143.

Οἶ ος, quel !—Οἶος, seul, unique. α, ον.
Οἶστρ ος, taon ; fougue frénétique. ου, ὁ.
Οἰσ ός, saule.—* Οἶτ ος, mort ; malheur. οῦ, ἡ.—ου, ὁ.
Οἴχ ομαι, va, court ; s'en va, meurt. *f.* ήσομαι.
* Οἴω, pense, croit ; conjecture. οἰήσομαι.
Οἰων ός, oiseau ; signe, augure. οῦ, ὁ.
Ὀκλά ζω, les genoux fléchir. *f.* άσω.
Ὄκν ος, paresse, horreur d'agir. ου, ὁ.
* Ὄκρ ις, pointe ; protubérance. ιος, ἡ.
Ὄλϐ ος, bonheur, richesse, aisance. ου, ὁ.

Ρμδ' = CXLIV = 144.

Ὀλίγ ος, petit, peu nombreux. η, ον.
Ὄλισθ ος, chute *ou* cas fâcheux. ου, ὁ.
Ὄλλ υμι, ruiner, détruire. *f.* ὀλέσω.
Ὀλολύ ζω, hurle *et* soupire. ύξω.
Ὀλό πτω, pince.—Ὅλ ος, entier. *f.* ψω.—η, ον.
Ὀλοφύρ ομαι, larmoyer*. *f.* οῦμαι.
Ὁμαλ ός, plane, à terre unie. ή, όν.
Ὅμηρ ος, otage —Ὄμϐρ ος, pluie. ου, ὁ.—ου, ὁ.
Ὅμιλ ος, peuple réuni. ου, ὁ.
Ὁμιλ εῖν, voit, parle en ami. *f.* ήσω

Ρμε' = CXLV = 145.

Ὁμίχλ η, brouillard, nue obscure. ης, ἡ.
Ὄμν υμι (*comme* ὀμ όω), jure. *f.* όσω *ou* ὀμοῦμαι.
Ὁμ ός, pareil, semblable, égal. ή, όν.
Ὀμφαλ ός, nombril ; point central. οῦ, ὁ.
Ὀμόρ γνυμι, j'essuie ordure. *f.* ξω.
Ὄμφ αξ, verjus, grappe non mûre. ακος, ὁ, ἡ.
Ὀμφ ή, voix, oracle divin. ῆς, ἡ.
Ὄναρ, un rêve, un songe vain. *indéc.* τό.
Ὄνειδ ος, honte, outrage infâme. εος, τό.
† Ὄν ημι, j'aide.—Ὄν ομαι, blâme. *f.* ήσω.—*f.* όσομαι.

Ρμς' = CXLVI = 146.

Ὄνθ ος, fumier, bouse des bœufs. ου, ὁ.
Ὄνομ α, nom, mot ; nom fameux. ατος, τό.
Ὄν ος, ANE ; pierre meulière. ου, ὁ, ἡ.
Ὄν υξ, ongle ; ONYX, griffe *ou* serre. υχος, ὁ.
Ὀξ ύς, aigre, aigu, prompt, tranchant. εῖα, ύ.
Ὀπά ζω, suit, donne, est suivant. *f.* σω.
Ὀπ ή, trou, fente à jour, lumière. ῆς, ἡ.
* Ὄπ ις, crainte d'un Dieu sévère. ιδος, ἡ.
Ὀπίσω, par derrière, après. *adv.*
Ὅπλ ον, arme ; instrument ; agrès. ου, τό.

Ρμζ′ = CXLVII = 147.

Ὀπ ός, suc que d'un arbre on tire.	οῦ, ὁ.
Ὀπτ ᾶν, fait rôtir, griller, cuire.	*f.* ήσω.
† Ὄσσομαι, voir, avoir égard.	*f.* ὄψομαι.
Ὀφθαλμ ός, l'œil.—Ὄψ, le regard.	οῦ, ὁ.
Ὀπώρ α, l'automne, vieil âge.	ας, ἡ.
Ὁρά ω, voit, juge, envisage.	*f.* άσω.
Ὄργαν ον, ORGANE, instrument.	ου, τό.
Ὀργ ή, colère, emportement.	ῆς, ἡ.
* Οργ ᾶν, est plein d'ardeur, d'audace.	*f.* ήσω.
Ὀργυι ά, la brassée *ou* brasse.	ᾶς, ἡ.

Ρμη′ = CXLVIII = 148.

Ὀρέ γω, présente, offre; étend.	*f.* ξω
Ὄρεξ ις, appétit pressant.	εως, ἡ.
Ὀρθ ός, droit, vrai, d'âme loyale.	ή, όν.
Ορθρ ος, l'aurore matinale.	ου, ὁ.
Ὅρκ ος, foi jurée, *ou* serment.	ου, ὁ.
Ὁρμαθ ός, ordre, enchaînement.	οῦ, ὁ.
Ὁρμ ή, choc, lutte.—Ὁρμ ᾶν, se jette.	ῆς, ἡ.
Ὅρμ ος, collier; port sûr, retraite.	ου, ὁ.
Ὄρν ις, poule, poulet, oiseau.	ιθος, ὁ, ἡ.
* Ὀρόδαμν ος, faible rameau.	ου, ὁ.

Ρμθ′ = CXLXIX = 149.

Ὅρος, but.—Ὄρ ος, mont, colline.	ου, ὁ.—εος, τό.
Ὁρί ζω, je borne *ou* termine.	*f.* σω.
Ὀρ ός, lait aigre.—Ὄρπ ηξ, surgeon.	οῦ, ὁ.—ηκος, ὁ.
Ὄρτ υξ, caille.—Ὄῤῥ ος, croupion.	υγος, ὁ.—ου, ὁ.
Ὀρύ σσω, bêche, ouvre la terre.	*f.* ξω.
* Ὀρφ ός, privé de père et mère.	ή, όν.
* Ὄρφ νη, nuit; d' Ὄρφν ος, sombre, noir.	ης, ἡ.—η, ον.
Ὀρχ εῖσθ αι, danser, se mouvoir.	*f.* ήσομαι.
Ὄρυζ α, riz *alimentaire*.	ης, ἡ.
Ὄρχ ος, rang d'arbres, pépinière.	ου, ὁ.

Ρν' = CL = 150.

Ὅσι ος, saint, juste, innocent.	α, ον.
Ὅσος, autant que ; combien grand !	η, ον.
Ὄσσ α, voix.—Ὄστλι γξ, étincelle.	ης, ἡ.—ιγγος, ἡ.
Ὀστοῦν, os.—Ὄστραχ ον, vaisselle.	οῦ τό.—ου, τό.
Ὄστρε ον, HUÎTRE, *ou* sa couleur.	ου, τό.
Ὀσφρ αίνομαι, sent, flaire odeur.	*f.* ήσομαι.
Ὀσφ ύς, reins.—Ὄτοϐ ος, tapage.	ύος, ἡ.—ου, ὁ.
Ὀτρύ νω, pousse, presse, engage.	*f.* υνῶ.
Οὖ ς, oreille ; anse pour lever.	ατος *et* ὠτός, τό.
Οὐδ ός, seuil.—Οὖδ ας, sol, pavé.	οῦ, ὁ.—εος, τό.

Ρνα' = CLI = 151.

Οὖθαρ, mamelle ; friandise.	ατος, τό.
Οὖλ ος, dru, fort ; moelleux, qui frise.	η, ον.
Οὐρ ά, queue.—Αἴλουρ ος, un chat.	ᾶς, ἡ.—ου, ὁ.
Οὐραν ός, ciel ; l'air, le climat.	οῦ, ὁ.
Οὖρ ον, URINE.—Οὖρον, limite.	ου, τό.
Οὖρ ος, mont ; bon vent, réussite.	ου, ὁ.
Οὐτ άω, blesser, maltraiter.	*f.* ήσω.
Ὀφείλ ω, devoir, s'acquitter.	ήσω.
Ὀφέλ λειν, accroît, rend service.	*f.* λῶ.
Ὄφελ ος, profit, bénéfice.	εος, τό.

Ρνϐ' = CLII = 152.

Ὄφ ις, serpent *ou* bracelet.	*g.* εως, ὁ.
Ὀφρ ύς, sourcil ; hauteur ; sommet.	ύος, ἡ.
Ὀχετ ός, canal, ru ; conduite.	οῦ, ὁ.
Ὄχθ η, rivage.—Ὀχθ εῖν, s'irrite.	ης, ἡ.—*f.* ήσω.
Ὀχλί ζω, meut, lève au levier.	*f.* σω.
Ὄχν η, le sauvage poirier.	ης, ἡ.
Ὄχλ ος, foule ; trouble, ennui, peine.	ου, ὁ.
Ὄχ ος, voiture ; amarre *ou* chaîne.	ου, ὁ *et* εος, τό.
Ὄψ, voix.—Ὀψέ, tard, hors de temps.	ὀπός, ἡ.—*adv*.
Ὄψ ον, mets ; assaisonnements.	ου, τό.

Ρνγ' = CLIII = 153.

Π, 80.—Πάγ η, rets, ruse. π'=80, ,π=80,000.—ης, ἡ.
Παῖ ς, fils, enfant. Παίζ ω, s'amuse. παιδός, ὁ, ἡ.—*f.* ξομαι.
Παί ω, frappe, agit prestement. σω *ou* ήσω.
Πάλαι, jadis; précédemment. *adv.*
Παλάθ η, le cabas de figues. ης, ἡ.
Παλάμ η, PAUME *ou* main; intrigues. ης, ἡ.
Παλεύ ω, trompe en alléchant. *f.* σω.
Πάλ η, lutte; fleur de froment. ης, ἡ.
Πάλλ αξ, jeune, en l'adolescence. ακος, ὁ, ἡ.
Πάλλ ω, secoue, agite, lance. *f.* παλῶ.

Ρνδ' = CLIV = 154.

Πάππ ας, PAPA.—Πάππ οι, aïeux. ου, ὁ.—*pl.* ων, οἱ.
Παπτ αίνω, va cherchant des yeux. *f.* ανῶ.
Παρά, d'auprès.—Παρει ά, joue. *prép.*—ᾶς, ἡ.
Παρθέν ος, vierge.—Πάσχ ος, boue. ου, ἡ.—ου, ὁ.
Πάν (ὁ), dieu Pan.—Πᾶς, (τό) πᾶν, tout. ανός.—πᾶσα.
Πάσσαλ ος, pieu, cheville, clou. ου, ὁ.
Πάσσ ω, poudre; diversifie. *f.* πάσω.
Πάσχ ω, je souffre, endure, essuie. *f.* πείσομαι.
Πατά σσω, battre; palpiter. *f.* ζω.
Πατ έω, fouler; insulter. ήσω.

Ρνε' = CLV = 155.

Πατ ήρ, πατρός, père, auteur, cause. *g.* έρος.—τρός, ὁ.
Παύ ω, calme; cesse; fait PAUSE. *f.* σω.
Πάχν η, le givre, les frimas. ης, ἡ.
Παχ ύς, épais, riche, gros, gras. εῖα, ύ.
† Πά ω, goûte; acquiert *ou* s'allie. *f.* σομαι.
Πέδ η, chaîne qui les pieds lie. ης, ἡ.
Πέδιλ ον, soulier, brodequin. ου, τό.
Πέδ ον, le sol, logis, terrain. ου, τό.
Πέζ α, plante du pied; bord; plage. ης, ἡ.
Πείθ ω, conseille, excite, engage. *f.* πείσω.

Ρνς' = CLVI = 156.

Πεί κω, PEIGNER, tondre; outrager. *f.* ξω.
Πεῖν α, faim, besoin de manger. ης, ἡ.
Πεῖρ α, l'essai, preuve, entreprise. ας, ἡ.
Πειρ ᾶν, tente, s'efforce, vise. *f.* άσω.
Πείρ ω, perce; passe *ou* franchit. περῶ.
Πόρ ος, trajet, PORE, conduit. ου, ὁ.
Πέλαγ ος, la mer, l'onde amère. εος, τό.
Πελαργ ός, cigogne; urne en terre. οῦ, ὁ.
Πέλας, proche; ὁ πέλας, prochain. *adv.*
Πέλεκ υς, la hache; un merlin. υος *et* εως, ὁ.

Ρνζ' = CLVII = 157.

Πελεμί ζειν, meut, épouvante. *f.* ξω.
Πέλμ α, dessous du pied, la plante. ατος, τό.
Πελ ός, plombé, roux-brun, cuivré. ή, όν.
Πέλτ η, bouclier échancré. ης, ἡ.
*Πέλω, *sum.*—*Πέλωρ, monstre énorme. *sans f.—indécl.* τό.
Πέμ πω, j'envoie *ou* mande, informe. *f.* ψω.
Πομπ ή, POMPE, envoi, mission. ῆς, ἡ.
Πέμφ ιξ, bulle d'air, vent, bouton. ιγος, ἡ.
Πέλλ α, pot-au-lait, vase à traire. ης, ἡ.
Πένθ ος, deuil.—Πενθερ ός, beau-père. εος, τό.—οῦ, ὁ.

Ρνη' = CLVIII = 158.

Πέν ης, manquant, pauvre, indigent. ητος, ὁ.
* Πέν ομαι, fait; fait pour argent. *sans f.*
Πέντε, cinq.—Πέπλ ος, voile *ou* mante. *indécl.*—ου, ὁ.
Πέπερ ι, poivre en grain *ou* plante. εως *ou* ιος, τό.
Πέπ τω, mûrit, digère, cuit. *f.* πέψω.
—Πέπ ων, *pepo*, melon mûr, *fruit.* ονος, ὁ.
Πέρα, plus loin.—Πέρ ας, limite. *adv.*—ατος, τό.
Περ άω, passe, échappe, évite. *f.* άσω.
* Περ, oui, quoique.—Πέρδ ιξ, perdrix. ιχος, ὁ, ἡ.
Πέρ θω, je saccage *et* détruis. *f.* σω.

Ρνθ′ = CLIX = 159.

Περί, pour, au-dessus, à cause. *prép*
Περισσ όν, excellente chose. οῦ, τό
Περιστερ ά, ramier, pigeon. ᾶς, ἡ
Περό νη, boucle *ou* l'ardillon. ης, ἡ
Πέρκ ος, brun, noir *et* bleu, bleuâtre. η, ον
Πέρπερ ος, léger, vain, folâtre. ος, ον
Πέρυσι, dans cet an dernier. *adv*
Πεσσ ός, jeton, dame au damier. οῦ, ὁ
Πετ ᾶν, ouvre, déploie, étale. *f.* άσω
Πέτ ομαι, vole ; court, détale. *f.* ήσομαι *ou* πτήσομαι

Ρξ′ = CLX = 160.

Πέτρ ος, pierre.—* Πετρ ών, pierreux. ου, ὁ.—ών, όν
Πεύκ η, pin ; flambeau résineux. ης, ἡ
Πηγ ή, source, eau qui sourd de terre. ῆς, ἡ
Πήγν υμι, fiche, assemble *et* serre. *f.* πήξω
Πηδ άω, bondit, va par sauts. *f.* ήσω
Πηδ όν, la rame des vaisseaux. οῦ, τό
* Πήλ ηξ, casque, de tête armure. ηκος, ἡ
Πηλ ός la boue ; argile ; injure. οῦ, ὁ
* Πῆμ α, perte, mal, détriment. ατος, τό
* Πήν η, trame du tisserand. ης, ἡ

Ρξα′ = CLXI = 161.

Πήρ α, besace ; gueuserie. *g.* ας, ἡ
Πηρ ός, sourd, en paralysie. ά, όν
Πῆχ υς, coudée, *ou* coude, *ou* bras. εως, ὁ
Πίδα ξ, source, eau qui sourd d'en bas. ακος, ὁ, ἡ
Πιέ ζω, presse, foule, outrage. *f.* σω
Πικέρι ον, beurre *ou* fromage. ου, τό
Πίθ ηξ, singe.—Πίθ ος, tonneau. ηκος, ὁ.—ου, ὁ
Πικρ ός, amer.—Πιλ ός, chapeau. ά, όν.—οῦ, ὁ
Πίν αξ, ais, table à tout usage. ακος, ὁ
Πίνν α, la nacre, *coquillage*. ης, ἡ

Ρξϐ′ = CLXII = 162.

Πίν υς (ὁ), crasse.—**Πῖν** ος (ἡ), PIN.	ου, ὁ.—ου, ἡ.
Πίν ω, boit, *d'où* πότ οι, festin.	*f.* πίομαι.—*pl.* ων, οἱ.
Πίπτ ω, tombe, périt, rend l'âme.	πεσοῦμαι.
Πίτυλ ος, son; bruit de la rame.	ου, ὁ.
Πίτυρ ον, du son —**Πίτ** υς, pin.	ου, τό.—υος, ἡ.
Πλάδ ος, moiteur.—* **Πί** ων, gras, plein.	εος, τό.—ων, ον.
Πλάγι ος, de travers; bizarre.	α; ον.
Πλά ζω, je fais errer, j'égare.	*f.* πλάγξω.
Πλάν η, l'égarement, l'erreur.	ης, ἡ.
Πλ άσσω, façonne, est modeleur.	*f.* άσω.

Ρξγ′ = CLXIII = 163.

Πλατ ύς, large, ample de carrure.	εῖα, ύ.
Πλέθρ ον, arpent, PLETHRE, *mesure.*	ου, τό.
Πλέ κειν, enlacer, joindre ; ourdir.	*f.* ξω.
Πλέ ος, plein.—**Πληρ** όω, remplir.	α, ον.—*f.* ώσω.
Πλευρ όν, côté, flanc.—**Πλευρ** ά, côte.	οῦ, τό.—ᾶς, ἡ.
Πλήν, hormis.—**Πλέ** ω, vogue *ou* flotte.	*adv.*—*f.* πλεύσω.
Πλή σσω, frappe.—* **Πλήστι** γξ, plateau.	ξω.—γγος, ἡ.
Πλίνθ ος, tuile, brique *ou* carreau.	ου, ἡ.
Πλίσσ ω, marche à grands pas, s'empresse.	*f.* πλίξομαι.
Πλοῦτ ος, dieu de l'argent ; richesse.	ου, ὁ.

Ρξδ′ = CLXIV = 164.

Πλύ νω, lave.—**Πλυντ** ήρ, laveur.	*f.* νῶ.—ῆρος, ὁ.
Πνέ ω, souffle, exhale une odeur.	*f.* πνεύσω.
Πνίγ ειν, étouffe, étrangle *ou* serre.	*f.* πνίξομαι.
Πό α, l'herbe, gazon ; bruyère.	ας, ἡ.
Πόθ ος, désir, amour, regret.	ου, ὁ.
Ποικίλ ος, divers.—**Ποι** ῶ, fait.	η, ον, *f.* ήσω.
Ποιμ ήν, berger.—**Πόλεμ** ος, guerre.	ένος, ὁ.—ου, ὁ.
Ποιν ή, PEINE, *ou* le prix, salaire.	ῆς, ἡ.
Πολ εῖν, tourne.—**Πόλ** ος, ciel ; champ.	έω-ῶ, *f.* ήσω.—ου, ὁ.
Πολι ός, chenu, grisonnant.	ά, όν.

Ρξε' = CLXV = 165.

Πόλ ις, ville. — Πόλτ ος, bouillie. εως, ἡ. — ου, ὁ.
Πολ ύς, nombreux, grand, qui varie. λή, ύ.
Πόντ ος, mer. — Ποππύ ζω, siffler. *g.* ου, ὁ. — *f.* σω.
Πόρπ η, boucle. — Πορπ ᾶν, boucler. ης, ἡ. — *f.* άσω, ήσω.
Πόρτ ις, veau ; génisse *meuglante* ιος, ὁ, ἡ.
Πορφύρ α, la POURPRE éclatante. ας, ἡ.
Ποσειδ ῶν, le Dieu du Trident. ῶνος, ὁ.
Ποταμ ός, un fleuve, un torrent. οῦ, ὁ.
Πότερ ος, lequel des deux ? quelle ? α, ον.
Πότμ ος, sort, destin ; mort cruelle. ου, ὁ.

Πξς' = CLXVI = 166.

Ποῦς, ποδός, pied, patte ; sabot[1]. ὁ.
Ποδεῖ ον, gros soulier, sabot.
Πότνι ος, auguste, honorable. α, (ον?)
Πρᾶ ος, doux, indulgent, affable. εῖα, ον.
Πραπίδ ες, poitrine, esprit, cœur. *plur.* ων, αἱ.
Πράσ ον, porreau, vert de couleur. ου, τό.
Πρά σσω, fait, agit, traite, exige. *f.* άξω.
Πρέμν ον, souche, tronc d'arbre ; tige. ου, τό
Πρέπειν, excelle ; est beau, séant. *sans f.*
Πρέσϐ υς, vieillard, député, grand. εως, ὁ.

Πξζ' = CLXVII = 167.

Πρην ής, en avant qui se jette. ής, ές.
Πρία μαι, loue à bail, achète. *sans f.*
*Πρή θω, brûler, incendier. *f.* σω.
Πρῖν ος, chêne. — Πρί ω, scier. ου, ἡ. — *f.* σω.
Πρίν, auparavant. — Πρό, d'avance. *adv.-prép.*
Πρῶτ ος, le premier, qui devance. η, ον.
Προί ξ, don, dot. — Προύν η, PRUNIER. κός, ἡ. — ης, ἡ.
Πρό ξ, faon. — Πρύμν ος, au bout, dernier. κός, ὁ, ἡ. — η, ον.
Πρύταν ις, chef, président, maître. εως, ὁ.
Πρω ΐ, l'heure où le jour va naître. *adv.*

[1] Lat. *ungula*, corne du pied du cheval, de l'âne, etc.

Πξη′ = CLXVIII = 168.

Πρώρ α, PROUE, avant ; face *ou* front. ας, ἡ.
Πτέρν α, talon, le pied d'un mont. ης, ἡ.
Πύκα, dru.—Πταί ρω, j'éternue. *adv.*—*f.* πταρῶ.
Πταί ω, heurte.—πταῖσμ α, bévue. σω.—ατος, τό.
Πτερ όν, plume, aile ; tout l'oiseau. οῦ, τό.
Πτί σσω, pile, fait du gruau. *f.* σω.
Πτο έειν, épouvante, trouble. *f.* ήσω.
Πτύ σσω, plie ; *et* δίπτυχ ος, double. ξω.—ου.
Πτύ ω, crache.—Πύθ ω, corrompt. σω-σω.
Πύλ η, porte.—Πυθμ ήν, le fond. ης, ἡ.—ένος, ὁ.

Πξθ′ = CLXIX = 169.

Πυνθάν ομαι, j'apprends, demande. *f.* πεύσομαι.
Πύξ, du poing.—Πῦρ, feu ; fièvre grande. *Adv.*—πυρός, τό.
Πύργ ος, la tour.—Πυρ ήν, noyau. ου, ὁ.—ῆνος, ὁ.
Πυρ ός, froment, blé le plus beau. οῦ, ὁ.
Πώγ ων, la barbe ; un fer de pique. ωνος, ὁ.
Πῶλος, POULAIN.—Πωλ εῖν, trafique. ου, ὁ, ἡ.—*f.* ήσω.
Πῶμ α, couvercle ; pot ; boisson. ατος, τό.
Πῶρ ος, pleurs, deuil ; cor, durillon. ου, ὁ.
Πῶς, comment ? *en quelque manière. *adv.* *πως, *sans acc.*
Πῶ ϋ, troupeau (gent moutonnière). εος, τό.

Ρο′ = CLXX = 170.

Ρῶ, cent.—Ῥάβδ ος, verge *ou* bâton. ρ′=100; ͵ρ=100,000.
Ῥάδαμν ος, pousse, rejeton. ου, ὁ.
Ῥάδι ξ, jet.—Ῥάδι ος, facile. χος, ἡ.—α, ον.
Ῥαίν ω, mouille.—Ῥάκ ος, guenille. *f.* ῥανῶ-εος-ους, τό.
Ῥαί ω, casse, brise, détruit. σω.
Ῥάμν ος, blanche épine à noir fruit [1]. ου, ἡ.
Ῥάμφ ος, bec.—Ῥαπ ίς, la houssine. εος, τό.— ίδος, ἡ.
Ῥά πτω, RAVAUDE, coud, machine. *f.* ψω.
Ῥάπ υς, la RAVE *ou* le navet. υος, ἡ.
Ῥέγ χω, je ronfle.—Ῥέζ ω, fait. *f.* ξω—ξω.

[1] Nerprun.

Ροα′ = CLXXI = 171.

῾Ρέμϐ ω, fait tourner; inquiète. *sans*
῾Ρέ πω, penche, incline; souhaite. *f.* ψ
῾Ρέ ω, parle; coule, répand. ῥύσ
῾Ρηγνύ ω, brise; enfonce *ou* fend. ῥήξ
῾Ρητίν η, gomme, la RÉSINE. ης,
῾Ρῖγ ος, froid vif.—῾Ρίζ α, racine. εος, τό.—ης,
῾Ρικν ός, courbé; ridé du front. ή,
῾Ρίν η, lime.—῾Ρί ον, cap, mont. ης, ἡ—ου,
῾Ριν ός, cuir, peau.—῾Ρίς, nez, narine. οῦ, ἡ.—ῥινός,
῾Ρίπ τω, je lance, abats, ruine. *f.* ῥίψ

Ροϐ′ = CLXXII = 172.

῾Ρο ά, grenade *et* grenadier. ᾶς,
῾Ρόδ ον, ROSE.—῾Ρόδ η, rosier. ου, τό.—ης,
῾Ρόθ ος, bruit de rame *ou* de l'onde. ου,
῾Ροῖζ ος, bruit qui siffle *ou* qui gronde. ου,
῾Ροφ εῖν, gobe, absorbe; boit sec. *f.* ήσ
῾Ρύγχ ος, groin, muffle, museau; bec. εος—ους,
῾Ρυθμ ός, RHYTHME, juste mesure. οῦ,
῾Ρύπ ος, saleté; tache, ordure. ου,
῾Ρύ ομαι, du péril tirer. *f.* ῥύσομ
῾Ρώνν υμι, bien corroborer. ῥώσ

Ρογ′ = CLXXIII = 173.

Σῖγμα, 200.—Σάγ ος, la saye. σ′=200; ͵σ=200,000—ου,
Σαθρ ός, pourri.—Σαίρ ω, balaye. ά, όν.—*f.* σαρ
Σάλ ος, flots; fluctuation. ου,
Σάλπ ιγξ, la trompette *ou* clairon. ιγγος,
Σαν ίς, planche.—Σάρξ, chair; corps; l'homme. ίδος, ἡ.
σαρκός,
Σά ττω, bâter bête de somme. *f.* σάξ
Σαῦλ ος, sec.—Σαφ ής, clair, certain. η, ον.—ής,
Σϐεννύ ειν, use, épuise; éteint. *f.* σϐέσ
Σέϐας, culte, *et* σέϐ ω, révère. *indécl.* τό—s. *f*
Σειρ ά, chaîne *ou* tresse *ou* lanière. ᾶς,

Ροδʹ = CLXXIV = 174.

Σεί ειν, secouer, ébranler. f. σείσω.
Σαί νειν, mouvoir.—Σήθ ειν, cribler. f. σανῶ, f. σω.
Σέλ ας, clarté, flamme éclatante. αος, τό.
Σελήν η, la lune brillante. ης, ἡ.
Σέλιν ον, l'ache *ou* le persil ου, τό.
Σελ ίς, page, interligne ; * écrit. ίδος, ἡ.
Σεμν ός, grave ; saint, respectable. ή, όν.
Σηκ ός, lieu clos; nid ; chambre ; étable. οῦ, ὁ.
Σῆμ α, signe ; étendard ; tombeau. ατος, τό.
Σήπ ω, pourrit.—Σής, vermisseau. f. σήψω.—σητός, ὁ.

Ροεʹ = CLXXV = 175.

Σθένω, peut, a force *et* puissance. *sans f.*
Σιγ ᾶν, se tait.—Σιγ ή, silence. f. ήσω.—ῆς, ἡ.
Σιαγ ών, mâchoire *ou* menton. όνος, ἡ.
Σίαλ ον, bave, —ος, gras cochon. σίαλος, ου, ὁ.
Σίδηρ ος, fer ; glaive *ou* cuirasse. ου, ὁ.
Σίκ υς, concombre ; calebasse. υος, ὁ.
Σικχ ός, dégoûté, délicat. ή, όν.
Σιμ ός, camus, au nez trop plat. ή, όν.
Σίν ομαι, gâte.—Σίμϐλ ος, ruche. f. οῦμαι.—ου, ὁ.
* Σιπαλ ός, laid.—Σιπύ η, huche. ή, όν.—ης, ἡ.

Ροςʹ = CLXXVI = 176.

Σῖτ ος, blé, pain ; provision. ου, ὁ.
Σίφ ων, tuyau, pompe, SIPHON. ωνος, ὁ.
Σιωπ ᾶν, garder le silence. f. ήσω.
Σκά ζω, boite ; est sot.—Σκαίρ ω, danse. σω.—σκαρῶ.
Σκά λλω, creuser, *comme* Σκά πτω. f. σκαλῶ.—ψω.
Σκάφ η, l'ESQUIF, canot, bateau. g. ης, ἡ.
Σκάριφ ος, le poinçon qui trace. ου, ὁ.
Σκεδ άννυμι, disperse ; chasse. f. άσω.
Σκέ λλω, dessèche *ou* sécher fait. σκελῶ.
Σκέλ ος, jambe.—Σκεθρ ός, parfait. εος-ους, τό.—ά, όν.

Ροζ' = CLXXVII = 177.

Σκέπαρν ον, hache, besaiguë. ου, τό.
Σκέπτ ομαι, voit, fixe sa vue. *f.* ψομαι.
Σκέπ ω, couvre, abrite, défend. *sans f.*
Σκεῦ ος, meuble, vase; armement. εος-ους, τό.
Σκή πτω, s'appuie, *ou* lance, invente. *f.* ψω.
Σκι ά, l'ombre.—Σκην ή, toit; tente. ᾶς —ῆς.
Σκίρ ος, de marbre *ou* bois fragment. ου, ὁ.
Σκολι ός, oblique; non franc. ά, όν.
Σκόλ οψ, pieu, broche *ou* pal qui perce. οπος, ὁ.
Σκορπ ίζω, dissipe *et* disperse. *f.* ίσω.

Σοη' = CLXXVII = 178.

Σκορπί ος, SCORPION, *qu'on fuit.* ου, ὁ.
Σκότ ος, ténèbres, sombre nuit. ου, ὁ, *et* εος, τό.
Σκύ ζομαι, grogne en chien, murmure. *f.* σομαι.
Σκύ λλω, scalpe; vexe, torture. *f.* σκυλῶ.
Σκύμν ος, un petit; lionceau. ου, ὁ.
Σκύτ ος, lanière, fouet, cuir, peau. εος, τό.
Σκώλ ηξ, un ver.—Σκύφ ος, un verre. ηκος, ὁ.—ου, ὁ.
Σκώρ, SCORIE, infecte matière. σκατός, τό.
Σκώ πτω, raille, *ou* se moque *et* rit. *f.* ψω.
Σμαραγ εῖν, fait fracas, grand bruit. ήσω.

Ροθ' = CLXXIX = 179.

Σμ άειν, frotte, rend chose nette. *f.* ήσω.
Σμῆν ος, essaim.—Σμίλ η, lancette. εος-ους, τό.—ης, ἡ.
Σμύ χω, consume, mine, abat. *f.* ξω.
Σμώχ ω, frotte fort, rosse *ou* bat. *f.* ξω.
Σοϐ έω, chasse, écarte; agite. *f.* ήσω.
Σοϐαρ ός, fier, qui marche vite. ά, όν.
Σομφ ός, spongieux; vide *et* vain. ή, όν.
Σό ος, σῶς, sauf; entier; bien sain. ος, ον.—ῶς, ῶν.
Σορ ός, bière, urne funéraire. οῦ, ὁ.
Σοφ ός, sage, instruit; salutaire. ή, όν.

Ρπʹ = CLXXX = 180.

Σπάθ η, dague ; batte à tisser. ης, ἡ.
Σπαθ ᾶν, prodiguer, dépenser. *f.* ήσω.
Σπαίρ ω, se débat, meurt ; palpite. σπαρῶ.
Σπαν ός, rare *ou* chétif ; d'élite. ή, όν.
Σπαρ άσσω, mord, met en lambeaux. *f.* άξω.
Σπάργαν ον, langes *ou* drapeaux. ου, τό.
Σπαργ ᾶν, est gonflé, plein de sève. άω, *f.* ήσω.
Σπ ᾶν, tire, avale ; arrache, enlève. άω, *f.* σπάσω.
Σπεῖρ α, tresse ; entortillement. ας, ἡ.
Σπείρ ω, sème, éparpille, épand. *f.* σπερῶ.

Ρπαʹ = CLXXXI = 181.

Σπένδ ω, fait pacte *ou* sacrifice. *f.* σπείσω.
Σπέ ος, caverne ; précipice. έεος, τό.
Σπέρχ ω, hâte, presse ; est ardent. *f.* ξω.
Σπεύ δω, hâte ; agit promptement. *f.* ξω.
* Σπιδ ής, qui s'étend, s'abandonne. ής, ές.
Σπίζ ω, gazouille, je fredonne. *f.* σω.
Σπῖλ ος, roc ; tache qui salit. ου, ὁ.
Σπινθ ήρ, étincelle *qui luit.* ῆρος, ὁ.
Σπλάγχν ον, entrailles ; amour tendre. ου, τό.
Σπλ ήν, la rate.—Σποδ ός, la cendre. ηνός, ὁ.—οῦ, ἡ.

Ρπβʹ = CLXXXII = 182.

Σπόγγ ος, ÉPONGE, *l'eau buvant.* ου, ὁ.
Στά ζω, filtre, tombe en gouttant. *f.* άξω.
Στάμν ος, cruche, pot avec anse. ου, ὁ *et* ἡ.
Σταυρ ός, croix ; pieu, poteau, potence. οῦ, ὁ.
Σταφ ίς, raisin sec et hâlé. ίδος, ἡ.
Στάχ υς, épi, *surtout* de blé. υος, ὁ.
Στέ γω, couvre.—Στέα ρ, suif, graisse. *f.* ξω.—ατος, τό.
Στεί βω, marche, foule aux pieds, presse. ψω.
Στεί χω, va, marche en rang, de front. ξω.
Στέλεχ ος, souche d'arbre, un tronc. *g.* εος, τό.

Ρπγ′ = CLXXXIII = 183.

Στέλλ ειν, envoie, arme ; réprime. *f.* λῶ.
† Στέμϐ ω, remue, insulte, opprime. *sans f.*
Στεν ός, étroit.—Στένω, gémit. ή, όν.—*f.* στενῶ.
Στέρ γειν, aime de cœur, chérit. ξω.
Στερε ός, solide ; immobile. ά, όν.
† Στερ εῖν, prive ; *et* Στείρ α, STÉRILE. *f.* ήσω.—ας, ἡ.
Στέρν ον, poitrine ; l'os STERNON. ου, τό.
Στῆθ ος, poitrine, le téton. εος, τό.
Στέ φω, ceint.—Στέφαν ος, couronne. *f.* ψω.—ου, ὁ.
Στήλ η, borne ; cippe, colonne. ης, ἡ.

Ρπδ′ = CLXXXIV = 184.

Στηρί ζω, rend ferme *et* soutient. *f.* ξω.
Στί ζω, piquer ; STIGMATE *en vient.* ξω.
Στο ά, portique.—Στίλ ϐω, brille. ᾶς, ἡ.—*f.* ψω.
Στόμ α, bouche.—Στλεγγ ίς, étrille. ατος, τό.—ίδος, ἡ.
Στόμφ ος, de paroles grand bruit. ου, ὁ.
† Στορ εῖν, couche, étend, dresse un lit. *f.* έσω.
Στοχά ζομαι, vise *et* s'applique. σομαι.
Στραγγ ός, tordu ; pervers ; oblique. ός, όν.
Στράγ ξ, goutte exprimée en tordant. γός, ἡ.
Στρατ ός, troupes, armée *ou* camp. οῦ, ὁ.

Ρπε′ = CLXXXV = 185.

Στρέ φω, tord, tourne ; use d'adresse. *f.* ψω.
* Στρῆν ος, luxe, faste, mollesse. ου, ὁ.
Στρογγύλ ος, rond, fait en rouleau. η, ον.
Στροῦθ ος (ἡ), l'autruche ; (ὁ), moineau. ου, ἡ, ὁ.
Στρύχν ος, STRYCHNINE, belladone.
Στυγ εῖν, haïr.—Στύλ ος, colonne.
Στύπ η, lin brut.—Στύπ ος, billot. ης, ἡ.—ου, ὁ.
Στύρ αξ [1], gomme, arbre *ou* javelot. τό, ἡ, ὁ ; *g.* αχος.
Στύφ ειν, épaissit *ou* resserre. *f.* ψω.
Σύ, toi.—Συκ ῆ, figuier ; ulcère. *pron.*—ῆς, ἡ.

[1] STYRAX ou STORAX, arbre de Syrie, à gomme odoriférante.

Ρπϛ′ = CLXXXVI = 186.

Σύλ η, la dépouille, butin. g. ης, ἡ.
Σύρϐ η, foule; TROUBLE, bruit, train. ης, ἡ.
Σύριγ ξ, roseau; pipeau rustique. γος, ἡ.
Σῦς, sanglier; porc domestique. συός, ὁ, ἡ.
Σύρ ω, balayer *et* traîner. *f.* συρῶ.
Σφαδ άζω, pester, trépigner. άσω.
Σφά ζειν, égorge, est victimaire. ξω.
Σφαῖρ α, boule, ballon (jeu), SPHÈRE. ας, ἡ.
Σφά λλω, supplante, abat; séduit. *f.* αλῶ.
* Σφάραγ ος, du gosier le bruit. ου, ὁ.

Ρπζ′ = CLXXXVII = 187.

Σφενδόν η, fronde *ou* bandoulière. ης, ἡ.
Σφή ξ, guêpe.—Σφήν, coin qui fend, serre. ηκός, ὁ.—ηνός, ὁ.
Σφίγ γω, j'étreins.—Σφίγ ξ, étranglant. *f.* γξω.—γός, ἡ.
Σφραγ ίς, sceau.—Σφοδρ ός, violent. ῖδος, ἡ.—ά, όν.
Σφριγ ᾶν, est plein de suc, de sève. *f.* ήσω.
Σφύ ζω, palpite; bat, s'élève. ξω.
Σφύρ α, marteau; houe à bêcher. ας, ἡ.
Σχά ζω, j'incise; relâcher. *f.* άσω.
Σχαστήρ ιον, scalpel, lancette. ου, τό.
Σχαλ ίς, pieu pour filets; fourchette. ίδος, ἡ.

Ρπη′ = CLXXXVIII = 188.

Σχεδόν, de près, presque, approchant. *adv.*
—Σχέδι ον, tracé sur-le-champ. ου, τό.
Σχέτλι ος, méchant, misérable. α, ον.
Σχί ζω, fend.—Σχιστ ός, séparable. *f.* σω.—ή, όν.
Σχοῖν ος, jonc; SCHÈNE (*pour longueur*). ου, ὁ.
Σχολ ή, loisir, repos; lenteur. ῆς, ἡ.
—Σχολά ζω, soigner; ne rien faire. *f.* άσω.
Σωλ ήν, canal, tuyau; faîtière. g. ῆνος, ὁ.
Σῶμ α, corps.—Εὐσώματ ος, gras. ατος, τό.—ος, ον.
Σωρ ός, tas, monceau; comble; amas. οῦ, ὁ.

Ρπθ′ = CLXXXIX = 189.

Τ′ *vaut* trois cents.—Ταγγ ή, le rance. ͵τ = 3,000.—ῆς, ἡ.
* Τάλ ας, malheureux, en souffrance. αινα, αν.
Τάλαντ ον, balance ; un TALENT. ου, τό.
Ταμί ας, questeur ; intendant. ου, ὁ.
Ταπειν ός, bas, qui s'humilie. ή, όν.
Τάπ ης, TAPIS, tapisserie. ητος, ὁ.
Ταράσσω, trouble.—* Τάρϐ ος, peur. *f.* ξω.—εος, τό.
* Τάρφ ος, des forêts l'épaisseur. εος, τό.
Τάριχ ος, salaison fumée. ου, ὁ, *et* εος, τό.
Τάσσ ω, règle ; range une armée. *f.* τάξω.

Ρϟ′ = CXC = 190.

Ταῦρ ος, TAUREAU.—Ταχ ύς, vif, prompt. ου, ὁ.—εῖα, ύ.
Ταώς, paon.—Τέγ γω, mouille ; fond. ώ, ὁ.—*f.* ξω.
Τείν ω, tend, tâche ; étend ; dirige. τενῶ.
* Τείρ ω, frotte, use ; accable, afflige. τερῶ.
Τεῖχ ος, rempart, muraille, mur. *g.* εος, τό.
Τέκμαρ, borne, fin ; signe sûr. *indécl.*
* Τέλλω, produit, se lever, faire. *f.* τελῶ.
Τέλμ α, fond bourbeux, fondrière. ατος, τό.
Τέλ ος, fin ; impôt ; magistrat. εος, τό.
Τέμνω, coupe, fend ; pille ; abat. *f.* τεμῶ.

Ρϟα′ = CXCI = 191.

*Τένδ ω, suce, aime bonne chère. *f* ?
Τέρ ας, signe ; monstre, chimère. ατος, τό.
Τερ εῖν, perforer, faire trou. *f.* έσω.
Τέρ ην, TENDRE, délicat, mou. εινα, εν.
Τέρμ α, TERME, fin ; but ; frontière. *g.* ατος, τό.
Τέρ πω, réjouir, charmer, plaire. *f.* ψω.
Τέρσ ω, sèche ; *et* ταρσός, clayon. *sans f.* οῦ, ὁ.
Τέττ ιξ, cigale ; marmiton. ιγος, ὁ.
Τέσσαρ ες, quatre.—Τεῦτλον, bette. ες, α.—ου, τό.
*Τεύ χω, fabrique ; trame ; apprête. *f.* ξω.

Ρϟβʹ = CXCII = 192.

Τέφρ α, cendre.—Τεφρ ός, cendreux. ας, ἡ.—ά, όν.
Τέχν η, ruse; art industrieux. ης, ἡ.
Τήκ ω, fond, dissout, liquéfie. *f.* ξω
Τῆλε, loin.—Τηρ εῖν, garde, épie. *adv.*—έω *f.* ήσω.
Τητᾶν, priver.—Τῆτες, cet an. άω.—*f.* ήσω.
Τιάρ α, TIARE, turban. ας, ἡ.
Τιθασσ ός, doux, privé; traitable. ος, ον.
Τίθη μι, met, pose; rend stable. *f.* θήσω.
Τίκτω, pondre; faire un enfant. τέξω.
Τόκος, usure, enfantement. ου, ὁ.

Ρϟγʹ = CXCIII = 193.

Τί λλω, pique, arrache; divise. *f.* λῶ.
Τινά σσω, brandit, darde; brise. άξω.
Τίταν ος, chaux.—Τιτάν, géant. ᾶνος, ὁ.—*g.* ου, ἡ.
Τιτθ ός, mamelle *ou* nourrissant. οῦ, ὁ.
Τιτραίνω, perce à jour, perfore. *f.* τρήσω.
Τραν ής, perçant, bien clair; sonore. ής, ές.
Τιτρώσκω, blesser *ou* léser. *f.* τρώσω.
*Τιτύσκ ομαι, faire *ou* viser. *s. f.*
Τί ω, paye, *ou* punit; vénère. *f.* σω.
Τόλμ α, courage téméraire. *g.* ης, ἡ.

Ρϟδʹ = CXCIV = 194.

Τόξ ον, arc; flèches.—Τόπος, lieu. ου, τό; τά.—ου, ὁ.
Τόρν ος, un tour.—Τόρμος, moyeu. ου, ὁ.—ου, ὁ.
Τράγος, bouc; odeur détestable. ου, ὁ.
Τράπεζ α, *d'où* TRAPÈZE, table. ης, ἡ.
Τραυλ ός, bègue;—Τράχηλ ος, cou. ή, όν.—ου, ὁ.
Τραχ ύς, rude, âpre; dur, non mou. εῖα, ύ.
Τρεῖς, trois.—Τρέπ ω, tourne, transfère. εῖς, ία.—*f.* τρέψω.
Τρόπ ος, TROPE; mœurs, caractère. ου, ὁ.
Τρέμ ω, trembler.—Τρέφ ω, nourrir. *f.* θρέψω.
Τρέχ ω (*joint à* δρέμω), courir. *f.* θρέξομαι, δραμοῦμαι.

Ρϟε′ = CXCV = 195.

Τρέ ω [1], tremble, craint, s'épouvante. *f.* έσω.
Τρί βω, frotte; use; rompt; tourmente. ψω.
Τρί ζω, crisse, fait aigre bruit. σω, ξω *rar.*
Τρύγ η, récolte en blé, vin, fruit. ης, ἡ.
Τρύπ α, TROU. —Τρυτάν η, balance. ης, ἡ.—ης, ἡ.
Τρύ χω, frotte, use ; vexe, offense. *f.* ξω *et* σω.
Τρώ γω, brouter.—Τρώκτης, mangeur. ξομαι.—ου, ὁ.
Τρωκτ ά, dessert.—†Τρώ ξ, ver rongeur. τά, ός, όν?—γός, ὁ.
Τυγχάν ειν, est; atteint; rencontre. *f.* τεύξομαι.
Τύχ η, fortune pour *ou* contre *. ης, ἡ.

Ρϟϛ′ = CXCVI = 196.

Τύλ ος, cheville ; cal, poireau. ου, ὁ.
Τύμβ ος, bûcher éteint, TOMBEAU. ου, ὁ.
Τύ πτω, frappe, blesse ; flagelle. *f.* ψω.
Τύπ ος, TYPE, empreinte, modèle. ου, ὁ.
Τύραννος ος, TYRAN, roi *d'abord.* ου, ὁ.
Τυρ ός, fromage.—*Τύῤῥις, fort. οῦ, ὁ.—ιος, ἡ.
Τύ φω, jette fumée, enflamme. *f.* θύψω.
Τῦφ ος, fumée ; orgueil de l'âme. ου, ὁ.
Τυφλ ός, aveugle, sourd ; grossier. ή, όν.
Τωθ άζω, plaisanter, railler. *f.* άσω *et* άσομαι.

Ρϟζ′ = CXCVII = 197.

Υ′, *chiffre*, quatre cents *doit faire.* υ′=400.
Ὕαλ ος, du cristal, du verre. ου, ἡ, *rare* ὁ.
Ὕβρ ις, outrage ; déshonneur. εως, ἡ.
Ὑγι ής, sain, plein de vigueur. ής, ές.
Ὑγρ ός, humide, coulant, moite. ά, όν.
* Ὕδ ω, chante ; parle en poëte. *sans f.*
Ὕμν ος, HYMNE, noble et beau chant. ου, ὁ.
Ὕδ ωρ, l'eau.—Υἱ ός, fils, enfant. ὕδατος, τό.—οῦ, ὁ.
Ὕθλος, caquet ; niaiserie. ου, ὁ.
* Ὑλ άω, hurle, aboie, *ou* crie. άσω.

[1] *Voy.* décade précédente, Τρέμω.

Ρϛη′ = CXCVIII = 198.

Ὑμ ήν, membrane ; un voile ; HYMEN. ένος, ὁ.
—Ὕνις, soc, coutre.—† Ὕνν ος, poulain. εως, ἡ.—ου, ὁ.
Ὕλ η, forêt ; du bois ; matière. ης, ἡ.
Ὕπαρ, vision nette et claire. *indécl.*
Ὑπέρ, dessus.—Ὕπατ ος, grand, *prép.*—η, ον.
Ὕπν ος, somme, assoupissement. ου, ὁ.
Ὕπτι ος, qui tombe en arrière. α, ον.
Ὕστερ ος, qui suit par derrière. α, ον.
Ὕψ ος, sommet.—Ὑφ ᾶν, tisser. *sans f.*
Ὕ ω, pleut averse ; verser. *f.* ὕσω.

Ρϛθ′ = CXCIX = 199.

Φϊ, 500.—† Φάγω, mange, mine. *f.* 2. *m.* φάγομαι.
Φαιδρ ός, clair, vif; de bonne mine. ά, όν.
Φαίν ω, brille, éclaire, fait voir. *f.* φανῶ.
Φαι ός, châtain, brun, presque noir. ά, όν.
Φάκελλος, FAGOT *ou* bottille. ου, ὁ.
Φακ ῆ, FLACON, plat *ou* lentille. ῆς, ἡ.
Φάλαγ ξ, PHALANGE; légion. γος, ἡ.
Φάλαιν α, BALEINE; *ou* glouton. ης, ἡ.
Φαλακρ ός, chauve, à tête nette *. ά, όν.
Φαλ ός, clair, blanc;le porte-aigrette. ή, όν.—οῦ, ὁ.

Σ′ = CC. = 200.

Φάρ αγξ, gouffre, ravin; vallon. αγγος, ἡ.
Φάρμακ ον, remède, poison. ου, τό.
Φαρκ ίς, ride.—Φᾶρος, long voile. ίδος, ἡ.—εος, τό.
Φάσηλ ος, canot long à voile. ου, ὁ.
Φάρ υγξ, PHARYNX, gorge, gosier. υγγος, ἡ.
Φάτν η, crèche—Φάττ α, ramier. ης, ἡ, ἡ.
Φαῦλ ος, vil, bas ; d'humeur légère. η, ον.
Φάω, luit, d'un jour vif éclaire. *f.* φήσω.
Φέϐ ομαι, fuit, craint.—Φόϐ ος, peur. *fut. inus.*
Φη μί, je dis.—Φήμ η, rumeur. *f.* φήσω.—ης, ἡ.

Σα′ = CCI = 201.

* Φέγγ ω, luit. — Φέγγ ος, jour, lumière. *imparf.* ἔφεγγον. — εος, τό.
Φείδ ομαι, s'abstient, se modère. *f.* σομαι.
Φελλ ός, liége, écorce et son bois. οῦ, ὁ.
Φέν αξ, charlatan, fin matois. ακος, ὁ.
Φένω, tue ; *et* φόν ος, carnage. *f. ant.* πεφήσομαι. – ου, ὁ.
Φερν ή, dot, biens en mariage. ῆς, ἡ.
Φέρϐ ω, paît, nourrit, entretient. *sans f.*
Φέρ ω, porte ; paie ; offre ; obtient. *f.* οἴσω.
Φεῦ, oh ! ah ! *effroi, douleur vive.* *interj.*
Φεύ γω, FUIT ; est banni, s'esquive. *f.* ξομαι.

Σϐ′ = CCII = 202.

Φέψαλ ος, braise, feu mourant. ου, ὁ.
Φηγ ός, chêne à glands doux ; son gland. οῦ, ἡ.
Φθά νω, prévient ; obtient ; devance. *f.* φθάσω.
Φθέγ γομαι, énonce, avance. ξομαι.
Φθί ω, perd, mine, est corrupteur. φθίσω.
Φθόν ος, envie *ou* haine ; horreur ου, ὁ.
Φιάλ η, FIOLE ; ample bouteille. ης, ἡ.
* Φιαρ ός, frais, à peau vermeille. ά, όν.
Φίλ ος, ami, bienveillant, cher. η, ον.
Φιλύρ α, tilleul ; sous-liber. ας, ἡ.

Σγ′ = CCIII = 203.

Φιμ ός, bride, mors ; muselière. οῦ, ὁ.
Φλά ζω, bredouille ; est en colère. *f.* σω.
Φλά ω, broyer, pétrir, piler. σω.
Φλό ξ, FLAMME, de φλέ γω, brûler. γός, ἡ. — ξω.
Φλ έψ, filon métallique *ou* veine. εϐός, ἡ.
* Φλέ ω, φλύ ω, dit chose vaine. *sans f.*
Φλιδ ᾶν, s'use, amollit, pourrit. άω-ῶ, *f.* ήσω.
Φλοι ός, écorce ; peau d'un fruit. οῦ, ὁ.
* Φλοῖσϐ ος, bruit de l'eau qui bouillonne. ου, ὁ.
* Φοῖϐ ος, pur, brillant, qui rayonne. η, ον.

Σδ′ = CCIV = 204.

Φοῖν ιξ, dattier ; son fruit. ικος, ὁ.
Φοιτ ᾷν, hante *ou* des leçons suit. *f.* ήσω.
Φολ ίς, peau bigarrée, écaille. ίδος, ἡ.
† **Φόλλ** ις, soufflet ; sac, bourse *et* maille *. εως, ὁ.
Φόρμι γξ, harpe.—**Φοξ** ός, pointu. ιγγος, ἡ.—ή, όν.
Φορμ ός, corbeille, jonc tissu. οῦ, ὁ.
Φόρτ ος, FARDEAU, faix, charge ; injure. ου, ὁ.
Φορύ σσω, pétrit ; fait souillure. *f.* ξω.
Φρά ζω, parle, énonce ; éclaircit. σω.
Φρά σσω, clot, enceint ; épaissit. ξω.

Σε′ = CCV = 205.

Φρατρί α, tribu, CONFRÉRIE. ας, ἡ.
Φρέ αρ, puits, citerne, eau de pluie. ατος, τό.
Φρ ήν, esprit, sens.—**Σώφρ** ων, prudent. ενός, ἡ.—ων, ον.
Φρον εῖν, pense, a tel sentiment. *f.* ήσω.
Φρί ξ, FRISSON ; l'onde frémissante. κός, ἡ.
Φρί σσω, frissonne, s'épouvante. *f.* ξω.
Φροντ ίς, pensée *et* soin d'esprit. ίδος, ἡ.
Φρυά σσομαι, frémit ; hennit. *f.* ξομαι.
Φρύ γω, griller ; φρυγμ ός, FRITURE. ξω ; οῦ, ὁ.
Φῦκ ος, *fucus*, fard *ou* teinture. εος, τό.

Σϛ′ = CCVI = 206.

Φυλά σσω, garde en faction. *f.* ξω.
Φυλ ή, tribu, *puis* nation. ῆς, ἡ.
Φύλλ ον, FEUILLE d'arbre *ou* pétale. ου, τό.
Φύρ ω, mêle ; pétrit ; rend sale. *f.* ρῶ.
Φυσ ᾷν, se gonfler ; souffler fort. ήσω.
Φωλε ός, trou, tanière *ou* fort. οῦ, ὁ.
Φύ ω, fait pousser, croître *ou* naître. *f.* σω.
—**Φύσ** ις, naissance ; nature ; être. εως, ἡ.
Φων ή, voix, cri ; langue ; rumeur. ῆς, ἡ.
Φ ώς, l'homme.—**Φώρ**, frelon ; voleur. ωτός, ὁ.—ός, ὁ.

Σζ' = CCVII = 207.

Χ' *vaut* 600.—* Χαῖ ον, houlette. χ'=600, ,χ=600,000.— ου, τό.

Χά ζω, recule, fait retraite. *f.* χάσομαι.
Χαί νω, s'entr'ouvre, a grand désir. χανοῦμαι.
Χαίρ ειν, aimer; se réjouir. χαιρήσω.
Χαίτ η, chevelure, crinière. ης, ἡ.
Χάλαζ α, grêle, meurtrière. ης, ἡ.
Χαλ ᾶν, détendre, relâcher. *f.* άσω.
Χαλέ πτω, molester, fâcher. *f.* ψω.
Χαλιν ός, frein, mors.—Χάλ ις, pierre. οῦ, ὁ.—ικος, ὁ, ἡ.
Χαλκ ός, airain.—Χαμαί, par terre. οῦ, ὁ.—*adv.*

Ση' = CCVIII = 208.

Χαρά σσω, graver, entailler. *f.* ξω.
Χάρτ ης, papier (*feuille* ou *cahier*). ου, ὁ.
Χατ εῖν, manque, est dans l'indigence. *sans f.*
Χαῦν ος, vain; mou, sans consistance. η, ον.
Χεῖλ ος, lèvre; bord (de la mer) *. εος, τό.
Χειμ ών, * χεῖμ α, tempête; hiver. ῶνος, ὁ.—ατος, τό.
Χείρ, main; Χειρουργ ός, main habile. χειρός, ἡ; οῦ, ὁ.
Χελιδ ών, l'hirondelle *agile.* όνος, ἡ.
Χέλ υς, tortue; *ou* lyre, un luth. υος, ἡ.
Χέῤῥ ος, désert, inculte; brut. ος, ον.

Σθ' = CCIX = 209.

Χέρσ ος (ἡ), continent, la terre. ου, *rare* ὁ.
Χέ ω, répand; produit; enterre. *f.* χεύσω.
Χηλ ή, pince, ongles; dent mordant. ῆς, ἡ.
Χήν, l'oie, *et* Χῆρ ος, veuf; manquant. ός, ὁ, ἡ.—α, ον.
Χθές, hier.—Χθ ών, terre, sol, plage. *adv.*—ονός, ἡ.
Χιλ ός, nourriture, fourrage. οῦ, ὁ.
Χίλι οι, mille, un nombre grand. αι, α.
Χι ών, neige le sol couvrant. όνος, ἡ.
Χιτ ών, tunique intérieure. ῶνος, ὁ.
Χλαῖν α, la robe extérieure. ης, ἡ.

Σι′ = CCX = 210.

Χλεύ η, ris.—Χλευά ζω, se rit. ης, ἡ.—f. σω.
Χλι αίνω, fomente, attendrit. ανῶ.
Χλί ω, χλιδ ᾷν, au luxe engage. sans f.—f. ήσω.
Χλό η, verdure, vert feuillage. ης, ἡ.
Χναύ ω, croque, mange en gourmet. f. σω.
Χοῖρ ος, pourceau, truie *ou* GORET. ου, ὁ; *rar.* ἡ.
Χολ ή, bile, fiel; dégoût; rage. ῆς, ἡ.
Χόνδρ ος, grain; grumeau; cartilage. ου, ὁ.
Χορδ ή, CORDE pour instruments. ῆς, ἡ.
Χορ ός, CHOEUR; bal; danse avec chants. οῦ, ὁ.

Σια′ = CCXI = 211.

Χόρτ ος, herbe, foin, vert fourrage. ου, ὁ.
Χρῆσθαι, employer, faire usage*. f. χρήσομαι.
Χρ ᾷν, effleure *ou* prête *ou* prédit*. f. ήσω.
Χρεμετί ζω, hennit, rugit. f. ίσω.
Χρέμ πτομαι, je tousse, je crache. ψομαι.
Χρέ ος, dette, tribut; mort; tâche. εος-ους, τό.
Χρῆμ α, bien, chose; oracle; argent. ατος, τό.
Χρηστ ός, bon, utile; obligeant. ή, όν.
Χρίμ πτειν, approche, effleure; blesse. f. ψω.
Χρί ω, frotte, oint d'huile *ou* de graisse. σω.

Σιϐ′ = CCXII = 212.

Χρό α, couleur; teint.—Χρ ώς, peau, chair. ας, ἡ.—ωτός, ὁ.
Χρόν ος, le temps (*bien le plus cher* [1]). ου, ὁ.
Χρυσ ός, l'or (*monnaie ou matière*). οῦ, ὁ.
Χυλ ός, suc, sève nourricière. οῦ, ὁ.
Χύτρ ος, χύτρ α, marmite, un pot. ου, ὁ.—ας, ἡ.
Χωλ ός, boiteux, clochant, pied-bot. ή, όν.
Χωρ εῖν, s'avance; court; fait place. f. ήσω.
Χωρίς, sans.—Χωρί ζω, j'espace. *adv.-prép.*—f. σω.
Χώρ α, lieu, place; pays; champ. ας, ἡ.
—Χωρίτ ης, des champs l'habitant. ου, ὁ.

[1] Le temps est le seul bien dont le Sage est avare. (LA FONT. *Fab.*)

Σιγ′ = CCXIII = 213.

Ψ′, 700.—ψακ άς, gouttelettes ͵ψ=700,000.—άδος, ἡ.
Ψαθυρ ός, sec; friable; en miettes. ά, όν.
Ψάλι ον, frein; collier; anneau. ου, τό.
Ψαλ ίς, des ciseaux; voûte, arceau. ίδος, ἡ.
Ψάλ λω, touche un luth; PSALMODIE. f. ψαλῶ.
Ψᾷν, racle; essuie.—Ψάρ, étourneau. * f. ήσω.—ψαρός, ὁ.
* Ψαύ ειν, effleurer, peu toucher. f. σω.
Ψέ γειν, blâmer fort, reprocher. ξω.
Ψελλ ός, bègue, qui balbutie. ή, όν.
Ψεύ δω, trompe; ment, calomnie*. f. σω.

Σιδ′ = CCXIV = 214.

Ψέφ ος, ténèbres, temps couvert. εος, τό.
Ψην ός, chauve.—Ψήν, cinips, ver. ή, όν.—ός, ὁ.
Ψῆφ ος, petit caillou; suffrage. ου, ἡ.
Ψηφ ίζω, règle en ballotage. f. ίσω.
Ψι ά, jeu; * ψι άς, eau gouttant. ᾶς, ἡ.—άδος, ἡ.
Ψίθυρ ος, bruit sourd; médisant. ου, ὁ; ος, ον.
Ψίαθ ος, natte de jonc faite. ου, ὁ, ἡ.
Ψιλ ός, ras, sans poil; nu.—Ψί ξ, miette. ή, όν.—χός, ἡ.
Ψίμμυθ ος, céruse, blanc, fard. ου, ὁ.
Ψίττακ ος, perroquet; bavard. ου, ὁ.

Σιε′ = CCXV = 215.

Ψόλ ος, fumée, épaisse flamme. ου, ὁ.
Ψύλλ α, puce.—Ψυχ ή, vie, âme. ης, ἡ.—ῆς, ἡ.
Ψόφ ος, son, bruit, fracas; vain bruit. ου, ὁ.
Ψύχ ος, froid.—Ψύχ ω, rafraîchit. εος-ους, τό.—f. ξω.
* Ψυχρ ός, frais, froid; vide; insipide. ά, όν.
Ψώ α, courante; odeur fétide. ας, ἡ.
Ψωμ ός, bouchée (*en pain, en mets*). οῦ, ὁ.
Ψωμί ζω, je nourris, repais. f. σω.
Ψώρ α, gale, dartre, gratelle. ας, ἡ.
Ψώχ ω, broie, émiette, morcelle. f. ξω.

Σις′ = CCXVI = 216.

Ὠ′, huit cents ; fin, extrémité.	͵ω = 800,000.
Ὠκ ύς, prompt, plein d'agilité.	εῖα, ύ.
Ὠθ εῖν, pousse, renverse ; chasse.	*f.* ὤσω *et* ὠθήσω.
Ὠλέν η, haut du bras, la brasse.	ης, ἡ.
Ὦμ ος, épaule.—Ὠμ ός, cru, vert.	ου, ὁ.—ή, όν.
Ὠν έομαι, achète, acquiert.	*f.* ήσομαι.
Ὠ όν, OEUF.—Ὦ ον, haut étage.	οῦ, τό.—ου, τό.
Ὤρ α, soin.—Ὥρ α, temps, heure, âge.	ας, ἡ.—ας, ἡ.
Ὠρύ εσθαι, hurler, rugir.	*f.* σομαι.
Ὠχρ ός, pâle.—Ὠχρ όω, pâlir.	ά, όν.—*f.* ώσω.

FIN DES DÉCADES.

www.ingramcontent.com/pod-product-compliance
Ingram Content Group UK Ltd.
Pitfield, Milton Keynes, MK11 3LW, UK
UKHW031936260826
14628UKWH00004B/1661

9 782013 075398